Bergeron, Benoist,

A. Régnier, del. 1833.   Lith. Delaunois, r. du Bouloy.19.

SOCIÉTÉ DES DROITS DE L'HOMME.

PROCÈS

DU

COUP DE PISTOLET.

> « Le Persil peut bien tuer les perroquets,
> mais les patriotes!....
>
> CORSAIRE.

Publié par deux Sectionnaires.

PARIS,

CHEZ LES ÉDITEURS :

LAGARDE JEUNE, RUE DE GRENELLE-SAINT-HONORÉ, N° 55;
FRÉDÉRIC PREUX, RUE DU BOULOY, N° 8;
ET CHEZ TOUS LES MARCHANDS DE NOUVEAUTÉS.

1833.

Nota. Il va paraître très incessamment au bureau des *Hommes* et des *Choses*, rue des Colonnes, n. 11, une publication intitulée : Cour DE PISTOLET (Histoire du). En joignant cette partie historique au *procès* que nous publions, on aura alors au complet tous les faits d'un événement destiné à laisser de profonds souvenirs.

Le citoyen BERGERON va publier une brochure que l'on pourra joindre au procès ; elle contiendra des faits extrèmement importans. On pourra se la procurer chez les éditeurs du présent procès.

PARIS, IMPRIMERIE DE P. DUPONT ET LAGUIONIE,
Rue de Grenelle Saint-Honoré, n. 55.

SOCIÉTÉ DES DROITS DE L'HOMME.

AFFAIRE

DU

COUP DE PISTOLET.

ACTE D'ACCUSATION.

Le 25 janvier, la chambre des mises en accusation a renvoyé devant la Cour d'assises Louis BERGERON et PHILIPPE-FRANÇOIS-HIPPOLYTE BENOIST, comme accusés, le premier, d'avoir attenté à la vie du roi; le second, de s'être rendu complice de cet attentat.

Les débats de cette affaire se sont ouverts le 11 mars, et l'on peut dire que jamais procès n'avait excité l'attention publique plus vivement que celui-ci. Membre de la *Société des Droits de l'Homme*, Bergeron a tenu sa parole de sectionnaire, puisque sur la sellette même il a fait de la propagande; et nous le dirons avec un excellent patriote : « *Oui, la défense que le prolétaire Bergeron a prononcée en Cour d'assises pèse plus dans la balance des destinées de l'avenir que vingt discours de la couronne.* »

Benoist, qui était à Chauny lors de l'invasion du choléra à Paris, s'est empressé d'y venir étudier l'épidémie, soigner les cholériques; et lorsque la maladie ravageait son département, 300 pauvres malades que Benoist a soignés gratuitement peuvent attester de son amour pour ses semblables.

Et cependant le duc d'Orléans est inscrit le premier en tête de la liste des citoyens à qui une médaille est accordée en récompense des services qu'ils ont rendus en visitant les cholériques. Le nom de Benoist n'est pas mentionné; et cela peut-être parce qu'il approchait de ses malades sans avoir sous sa chemise le sachet de camphre, ou bien les mains couvertes de bons gants fourrés.

Mais revenons à l'acte d'accusation, pièce curieuse, dont nous donnerons seulement les faits principaux, et qui ne se trouvent point reproduits dans le réquisitoire du procureur général Persil.

Cette pièce fait d'abord connaître que le 19 novembre dernier, à 2 heures 10 minutes, le roi passait sur le Pont-Royal, et qu'il était arrivé au dernier réverbère, du côté de la rue du Bac, lorsqu'une détonation se fit entendre. Deux pistolets furent trouvés par terre : le premier fut ramassé par le *sergent-de-ville* Petit-Didier, le second par le caporal Schœrer, de la garde municipale.

Toutes les diligences furent immédiatement faites pour arrêter les

1

coupables; mais la terreur qui s'empara de quelques spectateurs, l'émotion, le zèle et la curiosité des autres, et peut-être aussi le mouvement calculé que durent opérer les complices, rendirent tous les efforts impuissans. On ne put, dès ce moment, que s'appliquer à constater bien exactement les circonstances et les instrumens du crime, et à prendre les noms des personnes assez rapprochées du coupable pour avoir pu le remarquer, et être en état, soit de fournir son signalement à la justice, soit de le reconnaître, si, postérieurement, il était arrêté.

D'après tous les témoins, le coup était dirigé sur la personne du roi; et la balle, d'après la direction qu'elle avait suivie, avait dû tomber dans la rivière. Deux témoins, le sieur Josin, qui était monté sur le parapet opposé, et un autre homme près de lui, en entendirent le sifflement.

Ici l'acte d'accusation raconte divers incidens qui sont sans aucun intérêt pour le lecteur, puisqu'ils se retrouvent dans le cours du procès, et ajoute : Pour arriver à la découverte de la vérité, l'instruction a dû chercher d'abord à connaître, 1° la position du coupable et le lieu précis où il se trouvait au moment de l'attentat; 2° son âge, sa stature, la manière dont il était vêtu, son signalement; 3° enfin, l'arme dont il s'était servi.

Tous les témoins se sont trouvés d'accord sur la position du coupable. Il résulte, en effet, de leurs dépositions, qu'il n'était pas seul, et qu'il était entouré de complices, soit pour l'aider, soit pour faciliter sa fuite. Le témoin Faivres, brigadier dans l'octroi, a déposé que l'auteur de l'attentat s'était détaché d'un groupe où l'on parlait mal du roi, et qu'il le rejoignit après le coup tiré. Ce groupe poussait des cris de *vive le roi*. Le témoin Duponchel rapporte qu'il a vu celui qui venait de tirer; qu'il a voulu s'élancer après lui, mais qu'un groupe s'ouvrit pour le recevoir et se referma aussitôt. La fille Finot et la veuve Sentin ont vu l'homme qui a tiré le coup *causer avec un autre homme po tant une redingote bleue, et qui avait beaucoup de barbe sous le menton et des favoris jusque sur les joues; ils se parlaient à l'oreille et avaient l'air préoccupé.* Enfin le témoin Coutau, garçon de recette, revenant de voir passer le cortége, a vu, sur le trottoir du quai, du côté du Carrousel, quatre jeunes gens se donnant le bras, portant des cannes et une longue barbe sur le milieu du menton; il a entendu un de ces jeunes gens dire aux autres : *J'étais sûr qu'il le manquerait; il s'est trop pressé.*

Les mêmes témoins s'accordent sur le lieu de l'attentat. Ils déposent que le coupable était placé sur le Pont-Royal, du côté du quai Voltaire, à peu près sous le dernier réverbère, en bas du trottoir : il avait devant lui un caporal de la ligne nommé Plance, et à côté le fusilier Framier. C'est entre ces deux militaires que le coup est parti; il a été tiré si près de la tête du caporal Plance, que, pendant plus d'une heure, son oreille en était rouge. L'oreille du témoin Dupuis était au niveau du bassinet. « Le coupable, dit la demoiselle Finot, *venait de causer avec un autre individu* qui était à six ou huit pas de lui, sur la droite, au bas du trottoir; il n'y avait personne dans l'espace entre eux. »

Les dépositions des témoins sont un peu moins uniformes sur l'âge, la taille, la physionomie, les vêtemens du coupable. Cela se comprend et s'explique par le peu d'intérêt, qu'avant l'événement, ils avaient à le considérer avec attention. D'après le signalement donné par Dupuis, la demoiselle Finot, la veuve Sentin, la femme Martin, le sieur Faivres, Duponchel et un sieur Watin, l'auteur de l'attentat est un homme de cinq pieds deux pouces environ, *figure pâle et maigre*, chapeau noir, redingote de couleur foncée, soit bleue, soit vert-olive, serrée et boutonnée par le haut. Mais ces témoins, d'accord sur ces points, diffèrent entre eux sur beaucoup d'autres.

Dupuis et Faivres signalent une marque ou cicatrice à la figure au-dessous de l'un des yeux : les autres témoins n'en parlent pas. La femme Martin, Duponchel, Watin, parlent de petites moustaches noires et de favoris de même couleur formant collier sous le menton : Faivres parle aussi de petites moustaches et de favoris formant collier, mais il dit qu'ils étaient, comme les cheveux, châtain-clair ou presque roux. Dupuis n'a remarqué ni barbe ni moustaches. La fille Finot est plus affirmative; elle dit : « L'homme qui a tiré n'avait, j'en suis certaine, ni barbe, ni moustaches, ni favoris. »

La veuve Sentin dit aussi que cet homme n'avait pas de favoris; et que s'il avait de la barbe ou des moustaches, c'était très peu de chose.

Quant à l'âge du coupable, plusieurs de ces témoins lui donnent, les uns de vingt à trente ans, et les autres de trente à trente-cinq ans. Les témoins ne sont pas non plus d'accord sur celle de ses mains qui aurait tiré le coup de pistolet.

Il y a plus d'uniformité dans les dépositions en ce qui concerne l'arme dont le coupable s'est servi. « J'ai vu, dit le témoin Dupuis, l'un des deux pistolets que vous me représentez, tomber à la place de l'homme qui était à ma droite, et ce même homme se sauver dans la foule. » Le brigadier Faivres a également déclaré reconnaître cette arme, dont l'identité est d'ailleurs certifiée par les procès-verbaux rédigés immédiatement.

Toutefois il est à remarquer qu'il y a eu deux pistolets de saisis : que l'un, celui qui a été déchargé, a été jeté par l'auteur de l'attentat; mais qu'à l'égard du second, l'instruction n'a pas démontré d'où il provenait. On ignore s'il était en la possession de celui qui a tiré le coup; et s'il l'a jeté comme l'autre, ou s'il appartenait à un complice : par exemple à l'individu qui était à six ou huit pas, et auquel la demoiselle Finot a vu que l'auteur de l'attentat parlait. Tout ce que l'on sait par la déposition de Charles Schœrer, caporal de la 3ᵉ compagnie, 2ᵉ bataillon de la garde municipale, c'est que, «ayant saisi par le bras un individu qu'on paraissait lui signaler, il crut entrevoir sous son vêtement, qui était ouvert par le haut, une crosse de pistolet placée sur sa poitrine; ce qui le lui fit au moins croire c'est que, cet individu ayant été secoué par des sergens-de-ville (qui s'étaient aussi jetés sur lui), il tomba un pistolet à ses pieds. Le témoin se baissa pour ramasser cette arme. Au moment où il se relevait des généraux l'obligèrent de se rendre à l'angle du pont, laissant ou croyant laisser l'individu entre les mains des sergens-de-ville. » Mais la confusion qui régnait alors sur le Pont-Royal facilita sa fuite. Le caporal Schœrer a remis cette arme au commissaire de police du Gros-Caillou, et donné le signalement de l'individu.

Une ordonnance désigna le sieur Lepage, arquebusier, pour procéder à l'examen des pistolets saisis, et déterminer, autant que possible, de quelle manufacture ou de chez quel armurier ils sortaient. Son procès-verbal, fait le 20 novembre, constate que les deux pistolets, faisant la même paire, sont de la fabrique de Liége, très-communs, et pouvant valoir 25 francs les deux.

D'après l'arquebusier Lepage, la force de la charge était de nature à faire relever sensiblement le coup. Les armes en elles-mêmes ne portaient aucun signe qui pût les faire reconnaître ; aussi les a-t-on inutilement représentées aux divers arquebusiers et marchands d'armes de la capitale : aucun ne les a reconnues, ni n'a pu fournir de moyen de faire reconnaître plus tard.

C'est avec ces renseignemens, recueillis au moment même de l'attentat, que la police judiciaire s'est mise à la recherche du coupable et de ses complices ; elle était aidée aussi par quelques révélations antérieures, qu'elle n'aurait pu négliger sans imprudence.

Ainsi elle savait qu'il existait à Paris une multitude de sociétés politiques dont le *régicide* faisait la base et la règle fondamentale ; que la plupart des *Amis du Peuple*, et surtout des membres de la *Société des Droits de l'Homme*, s'excitaient mutuellement à commettre ce crime ; qu'à cet effet ils se procuraient des armes, des munitions, et s'exerçaient au tir du pistolet.

On disait qu'un brigadier du 6ᵉ dragons avait vendu des cartouches à un jeune homme nommé Bergeron, membre de la *Société des Amis du Peuple*, chef de section dans la *Société des Droits de l'Homme*, et répétiteur dans la pension de Reusse, rue de Vaugirard ; que Bergeron avait montré des pistolets dans une réunion de cette société, distribué des cartouches, et manifesté de fort mauvaises dispositions pour la personne du roi.

On savait, par les révélations d'un autre dragon nommé Vieussens, du 6ᵉ régiment, que, se trouvant un jour chez le portier de M. de Reuss, Bergeron se serait vanté devant lui de s'être battu dans les journées des 5 et 6 juin ; et d'être tout prêt à se battre encore. Il lui aurait annoncé l'exécution de l'attentat pour le 19 novembre ; il lui aurait montré des pistolets et plusieurs paquets de cartouches. Sur l'observation qu'il pourrait être arrêté, Bergeron aurait répondu qu'il n'en avait pas la crainte ; qu'ils étaient deux cents personnes disposées comme lui.

On savait enfin, par *une révélation* des nommés Collet et Cantineau, faite le 14 novembre à la Préfecture de Police (1), qu'il avait été formé

_____

(1) Collet et Cantineau s'étaient fait recevoir dans la *Société des Droits de*

un complot entre Bergeron, Billard, Girou et Collet, pour assassiner le roi le 19 novembre, au moment où il irait à la chambre des députés. Collet en avait fait la confidence à Cantineau, et celui-ci, en lui en montrant les dangers, l'avait amené à tout dire à l'autorité. Le projet était de tuer le roi à l'aide d'un tout petit fusil susceptible d'être caché sous des vètemens. Ce fusil était dans la boutique d'épicerie où travaillait Billard, rue du Cherche-Midi, derrière des caisses à thé. En effet, M. le préfet de police ayant, dès le 16 novembre, ordonné une perquisition et délivré un mandat d'amener contre Billard, le fusil se trouva dans le lieu indiqué; et Billard, qui déclara le tenir de Bergeron, fut en conséquence arrêté. Il eût été à désirer que la même mesure eût été prise dès ce moment à l'égard des autres conjurés; mais soit que M. le préfet de police crût avoir suffisamment déjoué le complot par la saisie du fusil et l'arrestation de celui qui en était dépositaire, soit que les désignations qu'il avait reçues sur Bergeron et Girou ne fussent pas suffisantes pour les reconnaître et trouver, ceux-ci ne furent pas arrêtés; ce n'est qu'après l'attentat, qu'ils ont été placés sous la main de la justice, avec les nommés Benoist, officier de santé à Chauny (département de l'Aisne), et Jules Planel, étudiant en droit, tous les deux intimes amis de Bergeron.

A côté de ces révélations doivent figurer divers propos recueillis par l'instruction, et qui tous annonceraient que l'attentat du 19 novembre avait été prémédité.

A la fin du mois d'octobre dernier, un jeune homme de dix-neuf ans, nommé Prosper Hess se trouvait à Melun: il annonça qu'il était certain qu'il y aurait des émeutes à l'époque de l'ouverture des chambres; qu'il connaissait des jeunes gens qui avaient fait le serment de commettre un régicide, et qu'ils le commettraient si le gouvernement ne changeait pas sa marche.

Le 16 novembre dernier, vers six heures et demie du soir, la fille Jeannette Hingrant, cuisinière chez le sieur Evariste Dumoulin, vit sur la place St-Eustache deux jeunes gens qui causaient un peu bas; elle eut la curiosité d'écouter leur conversation, et elle entendit le plus âgé dire au plus jeune: « Il faut que Philippe tombe; qu'il ne soit plus sur le trône au premier de l'an : il ne faut pas qu'il fasse comme les Bourbons, qu'il se sauve. » Le plus jeune dit alors: « Comment veux-tu que cela arrive? il n'aura jamais le courage de lâcher son coup de pistolet; il est trop jeune, il n'aura pas le cœur. » Le plus âgé répondit: « Il n'y a pas de danger, il ne le manquera pas, il est vif comme la poudre; son pistolet étant dans sa poche, cela est si vite fait! »

Le 19, vers six heures du matin, deux jeunes gens de vingt-six ans environ se trouvaient chez Fromont, épicier, rue de Lille, n° 78 ; ils parlaient du roi en de fort mauvais termes, et l'un d'eux dit: « C'est égal, il faut qu'il saute aujourd'hui! »

---

l'Homme, provoquaient l'expresson des patriotes et faisaient des rapports à la police... Ils *vendaient* leurs amis! — Ils pourraient bien un jour vendre la police.
(*Note de l'Éditeur.*)

Vers dix heures et demie du même jour, Marville, âgé de treize ans et demi, petit clerc chez un avoué, fut accosté par un jeune homme de vingt à vingt-cinq ans qui lui dit l'avoir vu au Palais. Après avoir lié conversation ensemble, le jeune homme ajouta qu'il était carliste enragé et que le même jour, *à deux heures et demie*, il y aurait un coup porté contre le roi sur le Pont-Royal.

Des mandats d'amener ayant été délivrés contre Bergeron, Benoist, Plauel et Girou, le premier devoir de l'instruction a été de les interroger.

Bergeron est âgé de vingt-un ans ; il est né à Chauny, département de l'Aisne, où sa mère est marchande de modes. Il a fait ses études chez M. de Reusse, rue de Vaugirard, n° 48. Il y donne encore des répétitions. Sa figure est maigre et pâle, il n'a point de barbe ; ses cheveux sont châtain clair. Il professe les principes les plus exaltés du républicanisme. Il est membre de la Société des Amis du Peuple, de celle des Droits de l'Homme, dans laquelle, après avoir été simple membre de la section Billard, dont faisait partie Collet, il est devenu chef d'une nouvelle section.

Interrogé sur l'emploi de son temps dans la journée du 19, Bergeron répond qu'après avoir donné ses répétitions du matin chez M. de Reusse, lesquelles finissaient ordinairement à neuf heures et demie, il était sorti avec Benoist pour aller chez son tailleur, rue Montpensier, n. 2 ; qu'en sortant de chez ce dernier il était allé, seul, voir un de ses cousins nommé Lécluse, qui est clerc chez Mᵉ Vallée, avoué, rue de Richelieu ; que l'ayant rencontré à la porte de cet avoué, il l'aurait accompagné jusqu'à la place Dauphine, serait allé après, seul, au cabinet de lecture d'un sieur Fontaine, rue Jacob, n° 26, où il serait resté depuis midi jusqu'à deux heures et demie ; qu'ayant déjeuné dans ce cabinet avec Fontaine, sa femme et une demoiselle Doussot, il avait appris là, par un lecteur qu'il refuse de nommer, l'attentat du Pont-Royal. Il serait ensuite rentré pour dîner chez M. de Reusse, avec lequel il se serait longuement entretenu de cet événement.

Dans un autre interrogatoire, du 17 décembre, Bergeron rectifie sa première déclaration : il ne serait pas allé directement chez son tailleur, comme il l'avait dit, en sortant de chez M. de Reusse, rue de Vaugirard, avec Benoist ; mais il croit se rappeler être passé rue du Dragon, chez une demoiselle Lucas, avec laquelle il avait des relations intimes : il croit aussi se rappeler d'être entré au cabinet de lecture de la rue Jacob, et être parti de là pour aller chez son tailleur, rue Montpensier ; qu'en sortant de chez ce dernier, il aurait quitté Benoist, serait allé voir son cousin Lécluse avec lequel, au lieu d'aller, comme il l'avait dit, jusque sur la place Dauphine, il se serait promené *aux Tuileries* pendant quelque temps : il en serait sorti vers onze heures, et serait arrivé au cabinet de la rue Jacob à onze heures et demie. Après avoir déjeuné dans le cabinet, et avoir fait une course avec M. Fontaine au bureau de la *Gazette de France* et au Palais-Royal, il serait allé, vers les quatre heures, rue du Dragon, chez la demoiselle Lucas, où il aurait trouvé Plauel et peut-être Benoist, ce qu'il ne se rappelle pas suffisamment.

Dans un troisième interrogatoire, du 23 décembre, Bergeron dit être sorti de chez M. de Reusse, le 19 novembre, avec Benoist, de neuf heures et demie à dix heures du matin, et qu'ils seraient allés ensemble, non plus directement chez le tailleur, comme il l'avait dit dans son premier interrogatoire, non plus chez la dame Lucas, rue du Dragon, et ensuite au cabinet de lecture, rue Jacob, mais chez M. Benoist père, rue Guénégaud, où ils sont montés; qu'étant allés ensuite chez le tailleur, et y étant restés un quart d'heure, il a quitté Benoist au coin de la rue St-Honoré ou vers le Carrousel, *il pouvait être onze heures*; qu'il est allé voir son cousin Lécluse, rue de Richelieu; qu'il l'a rencontré dans la cour et s'est dirigé avec lui vers le jardin des Tuileries, où ils se sont promenés sur la terrasse de l'eau *une heure ou une heure et demie*; qu'ensuite il est allé au cabinet de lecture, rue Jacob, en passant par *le Pont-Royal, le quai Voltaire et la rue des Saints-Pères.* C'est dans ce cabinet de lecture qu'il a appris l'attentat, non par un lecteur, comme il l'avait dit en refusant de le nommer, mais par madame Fontaine qui venait de l'entendre raconter.

Les interrogatoires de Benoist ne présentent pas moins de contradictions et d'énigmes. Benoist est âgé de 28 ans, il a des cheveux noirs, des favoris épais formant collier, et une cicatrice au-dessous de l'œil droit. Il vient tous les deux ou trois mois à Paris, où habitent, dans la rue Guénégaud, ses père et mère.

Dans son premier interrogatoire du 27 novembre, il déclare n'être venu à Paris que pour voir son père et M. Orfila; qu'arrivé le 19 novembre entre sept et huit heures du matin, il s'est rendu chez son père, rue Guénégaud, où, après être allé se faire raser dans le passage du Pont-Neuf, il est resté *deux ou trois heures*. En sortant de chez son père, il est allé à l'institution de Reusse pour voir un enfant de son pays, et remettre une lettre à Bergeron qui l'a reconduit aux environs de chez lui. « Il m'est impossible, dit-il, de préciser l'heure...; tout ce que je puis dire, *c'est que je suis revenu directement chez moi.* J'ai pris de l'argent, et je suis allé sur le Pont-Neuf en me dirigeant sur le boulevart pour acheter des estampes.... mais j'ai réfléchi sur le pont que je pourrais les trouver sur le quai : j'y suis allé... J'ai entendu de la musique; et ayant aperçu des troupes et beaucoup de monde sur le Pont-Royal, j'y suis allé, et j'ai appris que le roi allait y passer. Je suis d'abord resté à l'angle du pont et du quai que j'avais suivi; puis m'ennuyant, j'ai fendu la foule et me suis dirigé vers le milieu du pont: j'étais là quand le roi est passé. Sur ma gauche, j'ai entendu l'explosion d'une arme. La foule m'a repoussé. J'ai crié *Vive le roi!* comme les autres. J'ai suivi le torrent qui m'a emporté. Je suis ensuite revenu chez moi *par le quai opposé. Je ne sais pas par quel pont je suis retourné.* J'ai raconté à ma mère et à une vieille dame qui demeure dans la maison ce qui venait d'arriver. »

Dans le second interrogatoire, du 12 décembre, Benoist persiste à déclarer qu'en sortant de l'institution de Reusse Bergeron l'avait accompagné jusque près de sa demeure, et qu'il ne se rappelle pas être allé avec lui chez son tailleur. Il ajoute que si sa mémoire est fidèle, il croit maintenant être rentré chez lui, après l'événement, *par le pont des Arts.*

Dans l'interrogatoire du 22 décembre, Benoist avoue être allé rue Montpensier, chez le tailleur, en sortant de l'institution de Reusse avec Bergeron. Celui-ci l'aurait quitté aux environs de la rue Guénégaud, c'est-à-dire à l'endroit où il pouvait voir la rue où demeure son père : mais il termine en disant qu'il était seul sur le Pont-Royal au moment de l'attentat; qu'il y était allé seul et qu'il en était revenu seul.

L'interrogatoire de Jules Planel, jeune homme de dix-neuf ans, se distingue par un système d'incertitudes et d'hésitations calculées. Il semble que dans la crainte soit de se compromettre, soit d'aggraver le sort de ses amis en se mettant en contradiction avec eux, il ait pris à tâche de ne rien avouer ni de rien nier.

« Il ne peut, dit-il, donner l'emploi de son temps dans la journée du 19. S'il est allé au cortége, il y est allé seul, ne se rappelle pas avoir vu dans la journée soit Bergeron, soit Benoist, soit un autre jeune homme nommé Janety dont on aura occasion de parler plus tard. De même sa mémoire ne le sert pas assez pour lui rappeler s'il est allé chez la dame Lucas : tout cela est possible; mais cette journée n'avait rien d'assez remarquable pour qu'il s'attachât à conserver le souvenir de ce qui lui était arrivé. »

Quant à Girou, il donne ainsi l'emploi de son temps :

« Dans la matinée du 19, il a rencontré dans la rue Saint-Martin un jeune homme nommé Chauvin, avec lequel il s'est promené. En le quittant, il est allé chez le restaurateur Follet, au Palais-Royal, pour voir son chef de cuisine Lefèvre. Ensuite il a trouvé sur la place du Carrousel le nommé René, employé à la pharmacie du sieur Colmet, rue Saint-Honoré, qui lui a dit aller à Chaillot. Ils ont fait route ensemble jusqu'au pont Louis XV. Après l'avoir traversé seul, il a rencontré le sieur Rousseau et un jeune homme qui demeure rue de Tournon. Ils sont restés là jusqu'après le passage du cortége, sans entendre le coup de pistolet dont il n'a eu connaissance qu'après son arrestation. Attirés par le bruit du canon qu'on tirait aux Invalides, ils s'y sont rendus et ne se sont séparés qu'après s'être donné rendez-vous sur le boulevart, à six heures, pour aller au spectacle. Girou ajoute qu'il s'est dirigé vers la demeure de son père, où il est arrivé vers les quatre heures; que quelqu'un qui était dans la loge du portier lui ayant dit que quatre personnes étaient montées chez lui, il en avait conclu que c'était pour l'arrêter, ce qui l'avait déterminé à s'enfuir; qu'il était allé immédiatement à l'estaminet de Fournier, rue Saint-Martin, où il était arrivé vers les cinq heures; qu'il y avait été rejoint par ses amis, avec lesquels il était allé à l'Ambigu. Mais il ne sait pas dire quelle est la pièce qu'il a vu jouer. Il en est sorti avant la fin du spectacle, et est retourné chez Fournier d'où il est allé coucher avec un ami dont il ne sait pas le nom. Le lendemain il s'est rasé, a coupé ses favoris mais non ses moustaches, puisqu'il les avait rasées huit jours auparavant. »

Depuis, Girou est revenu sur quelques parties de son interrogatoire

Il a avoué ,notamment, avoir quitté René au Pont-Royal et non au pont Louis XV. Il a dit qu'il avait traversé le Pont-Royal, et n'être arrivé au pont Louis XV qu'en suivant la rive gauche de la Seine.

Une remarque qui s'applique à Bergeron, à Benoist, à Planel et à Girou, et que chacun avait d'abord plus ou moins cherché à éloigner, c'est qu'au moment de l'attentat, ou à une époque très-rapprochée, ils conviennent de s'être trouvés sur le Pont-Royal. L'instruction en a d'ailleurs fourni la preuve, ainsi que de beaucoup d'autres circonstances qu'ils sont hors d'état d'expliquer.

Bergeron, comme on l'a vu, appartient à deux sociétés politiques opposées au gouvernement, et ennemies personnelles du roi. Il professait les principes les plus exagérés du républicanisme et était disposé à tout employer pour les faire prévaloir, puisqu'il disait dans son interrogatoire du 26 novembre que, *s'il y avait eu un mouvement qui eût présenté quelque chance de succès, il aurait cru de son devoir de se joindre à ses amis pour faire triompher ses opinions.*

On n'a pas oublié sa conversation dans la loge du portier de M. de Reusse, avec le dragon Vieussens; on sait quel usage il disait vouloir faire des pistolets qu'il lui montrait.

Dans les réunions de ces sociétés politiques, Bergeron ne cachait pas ses répugnances pour la personne du roi, ni la volonté d'attenter à son autorité et à sa personne. Non seulement le témoin Collet en a déposé, mais lui-même est convenu dans son interrogatoire du 17 décembre *qu'il n'avait pas pu dire grand bien du roi, parce qu'il ne l'aimait pas beaucoup.* Néanmoins il ne se rappelle pas avoir dit qu'il méritât d'être fusillé, *mais qu'il le pensait.* .

Le même témoin Collet a déposé, et Bergeron en est convenu dans le même interrogatoire du 17 décembre, que dans une réunion des membres de la *Société des Droits de l'Homme*, qui avait eu lieu rue Mercière, il avait distribué des cartouches aux sectionnaires, et tiré des pistolets de sa poche en proférant des propos outrageans et des menaces contre le roi.

A la vérité, Collet a depuis rétracté cette déclaration, en l'attribuant, dans une réclamation adressée au journal *la Tribune*, à des rigueurs que MM. les commissaires de la cour auraient exercées contre lui; mais, indépendamment de la réfutation que fournit leur caractère personnel, il suffit de dire que Bergeron ayant avoué lui-même les faits rapportés par Collet, il est impossible d'admettre qu'il ait pu céder à aucune espèce de contrainte.

Cette rétractation, qu'une instruction a démontré avoir été suggérée à Collet, qui, du reste, l'a depuis spontanément rétractée, prouve, ce que l'ensemble de l'instruction avait d'ailleurs établi, les efforts que font les partis pour obscurcir la vérité et empêcher la justice d'atteindre les vrais coupables. Mais leurs efforts seront impuissans ou tourneront contre le but qu'ils se proposent, puisque, presque toujours, on les verra fortifier les charges résultant de l'instruction.

Ce même témoin Collet, conjointement avec son ami Cantineau, avait d'avance signalé Bergeron comme ayant formé le complot d'assassiner le roi le 19 dans le trajet des Tuileries à la chambre des députés. C'est le 14 novembre qu'ils avaient fait cette révélation à M. Nay, chef du cabinet, qui l'avait reçue en l'absence de M. le préfet de police. M. Nay a déposé, et la vérité de sa déclaration est prouvée par l'arrestation, dès le 16 novembre, de Billard, signalé comme complice, par la saisie du fusil, et par l'arrestation de Collet et de Cantineau eux-mêmes, qui n'avaient pas trouvé d'autre moyen soit de se dispenser de concourir à l'attentat, soit de se soustraire à la vengeance des complices.

Au surplus, toutes ces présomptions, déjà si fortes contre Bergeron, vont être fortifiées par de nombreuses dépositions.

L'instruction a commencé par représenter la personne de Bergeron aux témoins qui, étant sur les lieux, avaient vu le coupable avant, pendant et après l'action, et qui croyaient pouvoir le reconnaître si on le leur montrait.

Le témoin Dupuis a déclaré que la figure de Bergeron lui *paraissait* semblable à la figure *pâle et maigre* de l'individu qui avait tiré le coup de pistolet; qu'à la vérité Bergeron n'a pas la cicatrice ou marque à la figure, mais que cette marque a pu être enlevée. Dupuis ajoute, sur l'interpellation de Bergeron lui-même, « qu'il le reconnaît à sa taille, à sa grosseur et à sa figure. »

Faivres a des doutes sur Bergeron, mais il trouve en lui la même taille, la même figure pâle et la même couleur de cheveux. Cependant il ne peut pas affirmer en conscience que Bergeron soit celui par qui il a vu tirer le coup de pistolet.

Duponchel croit retrouver dans Bergeron la taille, le teint et les cheveux du coupable; mais il ne peut néanmoins affirmer que ce soit lui.

Une déposition d'une haute importance est venue ajouter à ces charges le caractère de l'évidence : c'est celle du témoin Janety aîné, jeune homme de vingt ans, appartenant à une honorable famille de la capitale.

Le 19 novembre dernier au matin il a été chez Planel, qui l'invita à se trouver à un rendez-vous qu'il avait ce jour-là avec Bergeron à une heure et demie au Palais-Royal. Il oublia ce rendez-vous; mais, se trouvant sur le Pont-Royal quelque temps avant le passage du cortége, il rencontra Planel sur le milieu du pont. Celui-ci lui dit qu'il venait de quitter Bergeron qui était comme un fou, qu'il était dans l'intention de tirer un coup de pistolet au roi, et qu'il l'avait menacé de lui donner sa main sur la figure s'il se moquait encore de sa résolution; que Bergeron se trouvait avec Benoist, qu'ils attendaient ensemble sur le Pont-Royal. Il s'est rendu avec Planel sur le quai d'Orsay, au coin du bâtiment destiné autrefois au ministère des relations extérieures; qu'étant là quand le cortége est passé, ils apprirent qu'une explosion avait eu lieu au Pont-Royal; qu'ils allèrent de ce côté; qu'ayant entendu plusieurs personnes répéter qu'elles croyaient le coupable arrêté, mais ne voyant rien, ils suivirent ensemble le quai, se dirigeant vers la préfecture de police, afin de savoir s'il y avait quelque chose de vrai dans ce bruit; qu'entre la rue des Petits-Augustins et le pont des Arts ils rencontrèrent un jeune homme de la connaissance de Planel, qui leur assura qu'un coup de pistolet avait été réellement tiré; qu'il croyait le coupable arrêté et qu'il avait vu dans les mains d'un garde un pistolet. Planel fit la description de cette arme et demanda au jeune homme si elle n'était pas telle qu'il la lui dépeignait. Sur sa réponse affirmative, Planel dit qu'il croyait la reconnaître pour appartenir à un de ses amis, et qu'il connaissait la personne qui avait tiré. Le jeune homme demanda le nom de cet ami, que Planel refusa de lui dire. Ils quittèrent ce jeune homme, que Janety a su depuis, par Planel lui-même, se nommer Delaunay, et ils continuèrent à se diriger vers la Préfecture de Police. Au milieu du Pont-Neuf ils rencontrèrent Benoist, qui allait vers la rue Dauphine; ils l'abordèrent et suivirent sa direc-tion : chemin faisant, Benoist leur raconta que c'était Bergeron qui avait tiré le coup de pistolet; qu'il avait montré beaucoup de sang-froid; qu'il n'était pas arrêté; qu'il l'avait accompagné jusqu'au Pont-Neuf, et que là il était disparu sans qu'on sût ce qu'il était devenu. Ils allèrent tous les trois chez la demoiselle Lucas, maîtresse de Berge-ron, rue du Dragon, pour voir si ce dernier y était. La demoiselle Lu-cas leur dit qu'elle avait cru le voir courir dans la rue il n'y avait qu'un instant; qu'elle l'avait appelé, mais qu'il n'avait pas répondu. Après quelques instans, Janety laissa Planel et Benoist chez la demoi-selle Lucas pour rentrer chez lui. Le soir, il dit à son frère que c'était Bergeron qui avait fait le coup. Depuis il a su que son frère ayant ren-contré Planel et Bergeron sur le Pont-Neuf, il avait imputé à celui-ci d'avoir tiré le coup de pistolet. C'est Planel qui lui a appris ce fait, dès le lendemain, en lui faisant des reproches sur l'imprudence qu'il avait eue de faire une pareille confidence à son frère. Janety ajoute que, le lendemain de l'arrestation de Bergeron, il retourna chez la demoiselle Lucas pour avoir des nouvelles de ce dernier. Elle était avec Edouard Bergeron, frère de l'accusé, et un autre homme qu'il n'a vu que par-derrière. Il y resta une demi-heure environ; elle le reconduisit jusque sur le palier, et lui dit là que Bergeron avait fait couper ses cheveux et qu'il portait une cravate jaune au lieu d'une noire, ce qui le chan-geait un peu. Il croit que c'est elle qui lui a dit que la redingote de Bergeron avait été portée chez son tailleur pour la raccourcir. Il a su par Planel, depuis l'arrestation de Bergeron, qu'on devait établir en sa faveur la preuve d'un alibi mensonger.

Sur l'interpellation qui lui a été faite à l'instant, Janety (1) a signalé Benoist de la manière la plus exacte: « Il portait, dit-il, une redingote bleu-de-ciel. Ses cheveux et ses favoris sont noirs: il a une cicatrice sous les yeux. De même Janety a décrit le logement de la demoiselle Lucas avec la plus grande exactitude, ainsi que celle-ci et Planel l'ont reconnu.

L'instruction sentant tout le poids d'une pareille déclaration, d'ail-

---

(1) C'est ce même Janety que ses plus proches parens ont signalé à l'audience comme étant naturellement menteur. (*Note de l'Éditeur.*)

leurs si bien en harmonie avec les principes, les dispositions, les antécédens de Bergeron et les révélations faites dès le 14 novembre par
Cantineau et Collet, a dû chercher à en vérifier toutes les parties.
Comme la première reposait sur un fait personnel à Planel, c'est par
lui qu'elle a dû commencer ses investigations.

Planel convient d'être allé voir passer le cortége, mais seul; il était
placé sur le quai d'Orsay, près du bâtiment autrefois destiné aux affaires étrangères. Après le passage du roi, il aurait pris une rue con-
duisant dans le faubourg Saint-Germain, et serait allé par la rue
Saint-Dominique ou de Grenelle et par la rue de Vaugirard au Luxembourg, où il se serait promené avec des amis qu'il refuse de
nommer. Quand on lui demande s'il ne se serait pas trouvé avec Janety
aîné sur le Pont-Royal, et qu'on lui signale toutes les parties de la
déclaration de ce dernier, il adopte un système de doute, d'hésitation
et d'incertitude impossible relativement à des faits aussi graves. Il ne
nie que les propos qui accusent directement Bergeron.

Ainsi, il nie avoir dit à Janety que Bergeron fût dans l'intention de
tirer un coup de pistolet au roi; que lorsqu'il aurait essayé de l'en
dissuader, il l'ait menacé de lui mettre sa main sur la figure. Il nie les
propos qu'il aurait tenu à Delaunay en présence de Janety, et relatifs
à la connaissance qu'il aurait dû avoir de la personne qui aurait fait le
coup. Sur tout le reste, il n'a que des doutes à manifester.

« Il est possible, dit-il que le 19 j'aie rencontré Janety sur le Pont-
Royal; je ne suis pas plus sûr qu'il y fût que je ne le suis qu'il n'y
fût pas. Je ne me rappelle pas avoir remonté le quai avec Janety, ni
avoir rencontré un jeune homme entre la rue des Petits-Augustins
et le pont des Arts. »

Il ne se rappelle pas davantage avoir rencontré Benoist, et être
ensuite allé avec lui et Janety chez la demoiselle Lucas. Allant très-
souvent chez cette demoiselle, il ignore s'il y est allé plutôt ce jour-là
qu'un autre. D'ailleurs, la journée du 19 n'ayant pas pour lui plus
d'importance qu'une autre, il ne sait pas si les faits se sont passés
plutôt ce jour là qu'un autre jour. Néanmoins, il se rappelle que, se
trouvant un jour sur le Pont-Neuf avec Bergeron, ils furent accostés
par Janety jeune qui, en s'adressant à Bergeron, dit : « *Je parie que
c'est toi qui as tiré.* » C'était en riant, et Janety lui-même convint
que c'était une goguenarderie; ce qui ne l'empêcha pas, lui Planel,
d'aller le lendemain trouver Janety aîné pour lui dire de recomman-
der à son frère plus de retenue dans ses paroles, parce que, dans un
temps où les arrestations se faisaient si facilement, il pourrait compromettre la liberté de Bergeron.

Planel a pu également dire à Janety aîné qu'on pouvait facilement
prouver l'alibi de Bergeron, mais il entendait parler d'un alibi réel.
Ayant demandé que Janety fût interpellé à cet égard, celui-ci a persisté à déclarer que Planel lui avait parlé d'un alibi mensonger.

En cet état de choses, il devenait de plus en plus important de
vérifier les faits signalés par Janety aîné. Si ce Planel niait les principaux; son hésitation sur les autres, ses explications embarrassées

sur tous, donnaient à la déposition de Janety une grande vraisem-
blance.

Le fait matériel de la rencontre de Planel et Janety le 19, sur le
Pont-Royal, était d'une haute importance. Une fois prouvé, il
rendait tout le reste probable. Planel ne le niait pas, mais il ne l'a-
vouait pas non plus. Bergeron est venu faire cesser le doute en
disant, dans son interrogatoire du 17 décembre, tenir de Planel
lui-même qu'il s'était trouvé avec un des frères Janety lors du passage
du cortége.

Ce fait pouvait être encore vérifié par un témoin cité par Janety,
et qui, suivant lui, devait rendre compte de l'importante révélation
faite par Planel sur la connaissance qu'il avait des coupables. Ce
témoin, c'est le jeune homme rencontré par Janety et Planel, entre
la rue des Petits-Augustins et le pont des Arts, lorsqu'ils allaient
vers la Préfecture de Police : c'est Delaunay que Planel a déclaré
d'abord ne pas connaître ; ce qu'il a rétracté plus tard en avouant
les relations qu'il avait formées avec lui lorsque tous deux étaient dé-
tenus à Sainte-Pélagie pour cause politique.

Delaunay, entendu sous mandat d'amener, nie d'abord s'être trouvé
sur le Pont-Royal le 19 et avoir rencontré Planel et Janety entre
la rue des Petits-Augustins et le pont des Arts. Il est bien allé à la
mairie du 11e arrondissement et de là rue Richelieu, chez un sieur
Pinard, chapelier, en suivant la rue de Seine et traversant le quai et
le pont des Arts, mais il n'a rencontré ni Janety, ni Planel. On le
confronte à l'instant avec Janety, qui répète sa déclaration, cite
toutes les circonstances de la rencontre, et Delaunay est forcé d'en
avouer la vérité. Il déclare qu'en sortant de la rue de Seine il suivit
le quai Malaquais jusqu'au Pont-Royal. Le cortége venait de passer.
Il avait entendu l'explosion d'une arme à feu. Il aperçut dans la
foule un garde municipal qui avait à la main un pistolet de poche,
et qui disait que c'était un de ceux que possédait l'assassin. Le bruit
courait qu'il était arrêté. Delaunay revint par le pont des Arts, où il
rencontra Planel, qui lui fit plusieurs questions. Il lui demanda,
entre autres choses, de désigner le pistolet qu'il avait vu. Delaunay
répondit que c'était un pistolet de poche ordinaire, et qu'il était à
canon carré. Planel dit alors que ce pistolet devait appartenir à un de
ses amis qui en possédait de pareils, et qu'il craignait que ce ne fût
lui qui eût tiré le coup. Delaunay demanda à Planel le nom de cet
ami, ce que celui-ci refusa de lui dire.

Delaunay a été immédiatement confronté avec Planel. Il a réitéré
devant lui sa délaration, et a ajouté que Planel paraissait maudire
le fanatisme qui avait fait tirer le coup de pistolet à son ami. Planel
avait la tête montée et l'air égaré ; il ne savait guère ce qu'il faisait ni
où il allait.

De son côté Planel déclare connaître Delaunay, mais ne pas savoir
si c'est ce jour-là qu'il l'a rencontré ; c'est possible, et, sur l'observation que les faits qu'il rapporte sont bien précis, bien concordans
avec la déposition de Janety, Planel se contente de répondre que ces
messieurs ont plus de mémoire que lui.

Voilà donc les deux parties les plus importantes de la déclaration de Janety clairement prouvées. La première relative à sa réunion avec Planel, le 19 sur le Pont-Royal, ou aux environs du Pont-Royal, lors du passage du cortège. Non-seulement Planel ne le nie pas, mais Bergeron lui-même s'est rappelé l'avoir entendu dire à Planel. La seconde partie concerne la rencontre de Delaunay et sa conversation avec Planel au sujet de l'assassinat et de la connaissance que ce dernier avait de l'assassin. La déclaration de Delaunay à cet égard confirme pleinement celle de Janety; et toutes les deux, que Planel n'a pas la force de démentir, viennent à la charge de Bergeron.

Après avoir quitté Delaunay au Pont-des-Arts, Janety déclare que Planel et lui continuèrent à se diriger vers la Préfecture de Police; qu'arrivés sur le Pont-Neuf ils rencontrèrent Benoist, avec lequel ils allèrent chez la demoiselle Lucas. En route, Benoist leur raconta ce qu'avait fait Bergeron. Cette rencontre ne pourrait être prouvée que par Planel ou Benoist.

Planel ne se la rappelle pas; et, dans la crainte sans doute de se trouver en contradiction avec ses amis, il ne nie ni n'affirme lorsqu'il est sous le secret, mais, dès qu'il peut communiquer avec eux, il n'hésite pas à déclarer qu'il n'a pas pu rencontrer Benoist et s'arrêter avec lui le 19, puisqu'il ne l'a connu que postérieurement. Benoist fait une déclaration semblable.

Mais la déposition de Janety ainé acquiert un nouveau degré d'évidence par le signalement qu'il donne de Benoist, qu'il voyait pour la première fois, et par le fait matériel de sa présence dans l'après midi du 19 avec Planel et Benoist chez la demoiselle Lucas.

« Benoist, dit-il, avait ce jour-là une redingote bleu-de-ciel. Je ne me rappelle ni sa cravate, ni la couleur de son gilet; sa redingote seule m'a frappé: c'était la première fois (la seule fois) que je voyais Benoist; je crois qu'il a les cheveux noirs ainsi que les favoris, les yeux bruns, et une cicatrice ou une raie sous l'un des deux yeux. »

Et tous ces renseignemens sont exacts! et Benoist était vêtu, ce jour-là, de sa redingote bleue! et ce signalement s'applique bien à sa figure! et la cicatrice si bien indiquée par le témoin se retrouve sous l'un des yeux de l'accusé, et ne permet pas de le confondre avec un autre! Tout cela, rapporté par Janety aîné, qui n'a eu aucune autre occasion de voir Benoist, ne dit-il pas suffisamment que sa déclaration est conforme à la vérité?

Il en est de même de la description qu'il a donnée de l'appartement de la demoiselle Lucas; elle est si bien détaillée et d'une telle exactitude, au dire de Planel et de la demoiselle Lucas elle-même, qu'elle ne peut être donnée que par l'homme qui a réellement vu les lieux.

Ajoutez que Bergeron a avoué qu'étant allé, vers 4 heures le 19, chez la demoiselle Lucas il y avait trouvé Planel, et peut-être Benoist; ce qui est entièrement conforme au dire de Janety, puisqu'il a déposé qu'après un quart-d'heure d'attente il était allé chez lui laissant Planel et Bergeron chez la demoiselle Lucas.

Cette autre partie de la déclaration de Janety aîné est donc encore vérifiée : il a vu, il a réellement rencontré Benoist le 19, puisqu'il en fait si exactement le portrait, et tout prouve qu'ils sont allés ensemble à la poursuite de Bergeron chez la demoiselle Lucas, puisque, d'une part, Janety, qui ne connaissait pas auparavant la demeure de cette demoiselle, en fait parfaitement la description, et que, d'autre part, Bergeron confesse y avoir trouvé Planel, et peut-être Benoist.

L'instruction a également démontré la vérité de cette déposition, en ce qui concerne la rencontre sur le Pont-Neuf, de Janety jeune, de Bergeron et Planel, et cette apostrophe que, par suite des confidences de son frère, Janety jeune aurait adressée à Bergeron : *C'est donc toi qui as tiré sur le roi?*

Janety jeune est convenu de la rencontre; mais il a nié les confidences de son frère et les propos qui en auraient été la suite; il aurait simplement demandé à Planel ce qu'il pensait de l'événement, et celui-ci lui aurait répondu que c'était un coup de police.

Depuis, Janety jeune a appris que Planel et Bergeron convenaient de la rencontre et du propos, et, revenant sur ses dénégations, il a déclaré qu'il était possible qu'il eût dit à Bergeron sur le Pont-Neuf : *C'est donc toi qui as tiré sur le roi?*

En effet, Bergeron avoue la rencontre de Janety jeune et son apostrophe; mais cherchant à les expliquer, il déclare que quelqu'un aura dit à Janety jeune, pour se moquer de lui, que lui Bergeron avait fait le coup : il présume que c'est Planel; et dans un autre interrogatoire, du 19 décembre, Bergeron ajoute qu'il n'a pas dit que ce fût une plaisanterie que Janety avait voulu faire; il le lui a dit de la meilleure foi du monde; sans cela il ne se serait pas donné la peine de lui répondre sérieusement.

La dernière partie de la déposition de Janety aîné parle d'une visite chez la demoiselle Lucas, après l'arrestation de Bergeron, lors de laquelle cette demoiselle lui aurait dit en le reconduisant *que Bergeron avait fait couper ses cheveux*, *qu'il portait une cravate jaune au lieu d'une noire*, ce qui le changeait un peu, et pourrait sans doute empêcher de le reconnaître.

La demoiselle Lucas, maîtresse avouée de Bergeron, nie, bien entendu, ces confidences. Mais le fait même de la visite de Janety aîné chez elle résulte de la déposition du jeune frère de Bergeron, qui convient avoir vu arriver, à l'heure indiquée par Janety, chez la demoiselle Lucas un jeune-homme que celle-ci avait reconduit. Il y avait aussi avec elle, dans ce moment, comme l'avait dit Janety, un monsieur qu'il ne nomme pas. Et tout cela n'est pas contredit par la demoiselle Lucas, qui se contente de dire qu'elle ne se rappelle pas ces visites.

Enfin Janety aîné a parlé d'une redingote de Bergeron qui aurait été envoyée chez son tailleur pour la raccourcir, et d'un alibi qui aurait été d'avance préparé.

Et l'instruction, sans donner une satisfaction complète sur ces objections, a néanmoins mis à même de vérifier, sinon la vérité, au moins la gravité des présomptions qui existent en faveur de ce témoignage.

En effet Bergeron avait une redingote d'une couleur foncée, et cette redingote se trouve avoir été envoyée chez son tailleur. Il croit que c'est avant le 19, mais il n'ose l'affirmer. Son motif, en l'envoyant, n'aurait pas été, comme le dit Janety, de la faire raccourcir, mais de la *donner* au fils de son tailleur à qui il l'aurait promise. Lorsque le fait a été connu de la justice, la redingote était déjà en partie défaite. Le tailleur en représente les lambeaux, mais plusieurs témoins déclarent ne pas reconnaître dans ces restes la redingote de Bergeron. Au surplus, il ne peut pas expliquer par quel motif, lui, qui n'avait aucune fortune, aurait donné à un étranger une redingote qu'il n'avait que depuis dix mois, et qu'il avait promise à son jeune frère ainsi que celui-ci l'a déclaré.

Ce qui concerne l'alibi, annoncé d'avance par Janety, s'est également réalisé : le sieur Fontaine, maître du cabinet de lecture de la rue Jacob, sa femme et la demoiselle Doussot sont venus déclarer que Bergeron avait déjeuné avec eux le lundi 19 novembre, et qu'ils étaient tous quatre encore à table lorsqu'ils ont appris l'attentat du Pont-Royal. Bergeron et les témoins se sont accordés sur les moindres détails relatifs à la localité, au costume et au repas.

Néanmoins le docteur Serise, médecin de la demoiselle Lucas, a déclaré qu'étant le 19 novembre avec elle et un sieur Bartolini, ils avaient rencontré, rue des Saints-Pères, vers une heure, Bergeron accompagné d'un autre jeune homme. M. Serise avait dit d'abord qu'il croyait que c'était entre la rue Taranne et la rue de l'Université; mais Bergeron, persistant à soutenir que ce ne pouvait être qu'entre le quai et la rue de l'Université, M. Serise a dit que, n'étant pas sûr du fait, il ne pouvait l'affirmer : mais il n'en a pas été de même de l'heure ni de la circonstance que Bergeron aurait été vu avec un ami. Le docteur Serise a persisté à soutenir qu'il était aux environs d'une heure, et que Bergeron était accompagné d'un jeune homme ; ce qui prouve, d'une part, qu'à midi il n'était pas, comme il le dit, au cabinet de lecture de Fontaine, et, de l'autre, qu'à l'approche de l'heure où l'attentat a été commis il pouvait être, ainsi que le rapporte Janety, avec Planel ou Benoist. Une réponse de celui-ci, dans son interrogatoire du 18 décembre, semble attester que c'était avec lui qu'était Bergeron, puisqu'il déclare qu'un jour des quatre qu'il est resté à Paris il a rencontré la demoiselle Lucas avec deux messieurs, mais il ne se rappelle pas s'il était avec Bergeron.

De toutes ces circonstances résulte la preuve la plus évidente de la véracité de la déposition du témoin Janety aîné ; elle est vérifiée sur tous les points susceptibles de l'être. Ainsi il est prouvé que, lors du passage du cortège sur le Pont-Royal, Planel était avec Janety ; qu'il a pu lui dire et qu'il lui a réellement dit le projet formé par Bergeron d'assassiner le Roi ; que cela résulte de ce qu'il a confié à Delaunay, en présence de Janety, des questions qu'il lui a adressées sur le pistolet, et de l'aveu qu'il lui a fait dans un moment où il était hors de lui-même de la connaissance qu'il avait de l'auteur de l'attentat. La déposition de Delaunay, toute conforme à celle de Janety, donne à celle-ci un caractère de vérité que rien ne peut lui enlever. Le surplus de la déposition n'est pas moins certain. Il résulte, en effet, de toutes les explications qui précèdent, qu'après avoir quitté Delaunay, Planel et Janety allèrent vers le Pont-Neuf, qu'ils y trouvèrent Benoist qui leur raconta le sang-froid de Bergeron en commettant le crime, et la résolution qu'ils prirent d'aller le chercher chez la demoiselle Lucas. Deux circonstances prouvent la vérité de ce récit : le signalement de Benoist que Janety voyait pour la première fois, et qu'il n'a revu en aucune autre occasion, et la description de l'appartement de la demoiselle Lucas dans lequel il n'était jamais entré. De pareils faits disent plus que toutes les dépositions : ils se rattachent d'ailleurs à la confidence faite à Janety jeune par son frère, le jour même de l'attentat, et qui amena l'interpellation du Pont-Neuf adressée à Bergeron : *C'est donc toi qui as tiré le coup de pistolet ?* Vainement Janety jeune a voulu nier cette rencontre et les explications qu'elle a amenées. Tout est aujourd'hui avoué par lui-même comme par les autres. La circonstance de la redingote portée chez le tailleur et des propos attribués à la demoiselle Lucas ajoute encore à cette démonstration. Quoique l'instruction n'ait pas pu pénétrer à cet égard jusqu'au fond des choses, elle a cependant montré, par les faits accessoires et qui étaient de nature à être découverts, que Janety aîné, qui a dit la vérité sur les points principaux, n'a pas pu s'en écarter sur les autres.

Quel est-il d'ailleurs, ce Janety aîné? et quels motifs peut-on lui prêter pour inventer une déposition accusatrice contre des jeunes gens à qui il n'a aucune raison d'en vouloir et qu'il connaît à peine?

On a déjà dit qu'il appartient à une famille honorable de la capitale. Ayant eu le malheur de perdre en bas âge ses père et mère, il a été élevé par sa grand'mère maternelle et par deux oncles. Le seul reproche qu'ils lui adressent, c'est d'avoir contracté avec une dame Edouard des liaisons qui déplaisaient à sa famille. Pour le soustraire à sa domination, on le détermina à s'engager au service militaire; ce qu'il a fait dans ces derniers temps. Le jour même où la justice, prévenue par des indiscrétions de quelques femmes, l'a fait citer devant elle, il devait partir pour son régiment. D'après les renseignemens qu'ont donnés ses oncles, il est d'un caractère faible, mais il serait incapable de faire sciemment une fausse déposition. Celui chez lequel il demeure a déposé que, le 19 novembre, Janety aîné est rentré entre deux et trois heures (précisément à l'heure à laquelle il a dit être sorti de chez la demoiselle Lucas): ils parlèrent de l'événement de la journée. Son oncle lui demanda si le coupable était pris. Il répondit que non; s'il le connaissait; il dit en rougissant que non, mais qu'il avait cru le connaître. Plus tard, son oncle lut devant lui, dans un journal, le signalement du coupable donné par la demoiselle Boury, et au passage où cette demoiselle lui donne de gros favoris Janety aîné s'est écrié : *Est-elle menteuse !* Son oncle lui ayant demandé s'il connaissait le coupable, il répondit que non, qu'il ne parlait que par ouï-dire. L'oncle ajoute que Janety aîné détournait la conversation quand elle se portait de ce côté.

Ainsi, dès le 19 novembre, il a parlé de l'attentat en des termes, avec un ton, une contenance qui annonçaient qu'il en connaissait l'auteur; c'est le jugement qu'en portait sa famille; ce qui corrobore d'autant sa déposition et prouve qu'elle n'a pas été imaginée après coup.

La même conséquence résulte de ce que Janety aîné a dû dire, dès le principe même, à la dame Édouard à laquelle il ne savait rien cacher. Il est vrai que cette dame a déclaré n'avoir reçu de lui aucune confidence; mais les dépositions des dames Petit et Desnouette prouvent le contraire. Cette dernière surtout a positivement déclaré tenir de la dame Édouard qu'elle connaissait le nom du coupable.

- Quels motifs, d'ailleurs, d'admettre que Janety aîné ne dise pas la vérité, et qu'il ait pu se prêter à une aussi épouvantable calom Bergeron, Benoist, Planel, ne vont pas même d'abord jusqu'à le supposer. Benoist (interrogatoire du 18 décembre) ne croit à Janety que des motifs honorables. Planel lui dit des injures, l'appelle *misérable*, mais sans pouvoir articuler aucun reproche. Il dit seulement que *l'amour-propre fait descendre les hommes bien bas :* ce qu'il ne peut lui-même expliquer, quand il en est sommé par M. le conseiller - instructeur. Dans son dernier interrogatoire Planel dit que c'est le témoignage d'un homme *vénal;* mais il est encore hors d'état de citer quelque chose à l'appui de son assertion. Enfin Bergeron, dans son interrogatoire du 23 décembre, dit qu'il ne peut imaginer que Janety ait tout inventé, mais qu'il espère prouver un propos qui lui est revenu et qui tendrait à faire croire que Janety était sur le Pont-Royal avec l'auteur du fait au moment de l'attentat. Cette étrange assertion a fixé l'attention de M. le conseiller-instructeur qui, dans un dernier interrogatoire, a constaté que Bergeron faisait allusion à des propos à lui rapportés par Janety jeune, et desquels il résulterait que Janety aîné aurait dit à ses sœurs que c'était lui, Janety aîné, qui était l'auteur de l'attentat. On a interrogé ces dames, et on a su que ce n'était qu'une plaisanterie pour leur imposer silence, et dispenser Janety aîné de répondre aux questions embarrassantes qu'elles lui adressaient sur l'attentat.

Mais si rien n'affaiblit la déposition de Janety aîné, si elle tire de la probité du témoin, des indiscrétions qu'il a commises au moment même de l'attentat, de l'uniformité, de la constance, de l'invariabilité de ses assertions, de nouvelles preuves de sincérité, il n'en est pas de même des déclarations des accusés et de la conduite de leurs amis. Leur premier mouvement est de nier, d'hésiter quelquefois, et de ne dire la vérité que lorsque son évidence vient les frapper. C'est ainsi qu'en ont agi Planel, Bergeron et Janety jeune lui-même. Ce dernier a nié d'abord avoir rencontré Bergeron et Planel sur le Pont-Neuf. Quand il a su que ceux-ci en convenaient, il a nié les propos qu'il avait tenus, et il ne les a avoués que lorsque la démonstration a été complète. Janety jeune a fait encore plus; lui, qui avait connu le crime et son auteur dès le 19 novembre par les indiscrétions de son frère, qui avait voulu faire savoir à Bergeron combien il était en avant dans la confidence, et qui en avait reçu des reproches, a fait, durant l'instruction, tout ce qu'il a pu pour détourner la confiance de son frère, l'intimider lui-

même et le porter à changer ses déclarations. On a su par la dame
Edouard que Janety aîné se plaignait des menaces de son frère. Un jour
Janety jeune était allé le chercher avec un ami de Bergeron, qu'il a refusé de faire connaître. Après l'avoir menacé s'il ne rétractait pas sa
déposition , et l'avoir accusé de perdre *le parti*, il lui laissa un modèle
de rétractation écrit par lui, Janety jeune, et qui, tombé entre les
mains de la dame Edouard , a été déposé par elle entre les mains de la
justice.

Janety aîné qui, dans tout le cours de l'instruction , s'est montré
ferme et constant dans ses déclarations, qui n'a jamais varié , quelles
que soient les personnes avec lesquelles on l'ait confronté, n'a tenu
aucun compte ni des menaces ni des provocations; il a persisté à répéter ce qu'il avait dit la première fois : la vérité ne peut avoir ni
un autre langage ni d'autres formes.

Et quant à Janety jeune, lorsqu'on sait son caractère dissimulé, les
liaisons qu'il a formées à Sainte-Pélagie avec les républicains les plus
décidés, ses principes exaltés et son dévoûment à ce qu'il appelle *le
parti*, on n'est pas surpris de la conduite qu'il a tenue pour essayer de
détourner les investigations de la justice du véritable coupable.

Il a déjà failli être victime de son exaltation républicaine. Le 6 juin
dernier, il fût arrêté rue des Fossés-Montmartre *armé d'un fusil*. Interrogé par le commissaire de police, *il déclara qu'il ne s'en était servi
qu'une fois pour tirer un coup de feu.* Un arrêt de la chambre d'accusation du 20 juillet dernier le renvoya à la Cour d'assises, où il est
permis de croire, d'après son propre aveu, qu'il ne fut acquitté qu'à
cause de son jeune âge et de l'indulgence du jury.

Quoi qu'il en soit, le contraste est frappant. Du côté de l'accusé
Bergeron, des antécédens accablans, l'impossibilité de donner exactement l'emploi de la journée du 19, des temoignages uniformes, inva-
riables de témoins qui croient le reconnaître pour le coupable, et
qui citent des circonstances qui ne permettent guère d'en douter. Du
côté des deux accusés et de leurs amis, de sèches dénégations, des
mensonges prouvés, puis de l'hésitation, enfin des menaces par des
hommes déjà gravement compromis, pour arriver à des rétractations
que la probité et la force de la vérité leur font refuser.

Et cependant ces antécédens, ces témoignages, ces reconnaissances
du coupable et ces efforts pour le sauver ne sont pas les seules charges
qui pèsent sur l'accusé Bergeron. Des preuves matérielles saisies au
moment même du crime semblent encore se réunir pour démontrer
qu'il en est l'auteur.

On se souvient des pistolets trouvés sur le Pont-Royal le 19 novembre au moment de l'attentat; l'un d'eux, qui venait d'être déchargé, avait évidemment servi à le commettre.

Tous les efforts qu'a faits l'instruction n'ont pas pu conduire à savoir
d'où ils venaient, et à qui ils pouvaient appartenir; mais en même
temps elle a constaté qu'à diverses époques Bergeron avait eu des
armes semblables et des munitions. Il a montré des pistolets de poche
dans la réunion de la rue Mercière. Il en a eu à sa disposition diverses

2.

autres fois ; il en est convenu dans ses interrogatoires des 18 et 23 décembre, mais il est impossible de savoir de lui ce que ces armes sont devenues. Tout ce qu'il veut bien dire c'est *qu'il lui est arrivé souvent d'avoir des pistolets appartenant à ses camarades, et qu'il n'est pas leur dénonciateur.*

Le second pistolet, reconnu être encore chargé, a fourni aussi un élément de preuve qui peut tourner contre l'accusé Bergeron. L'arquebusier Lepage, en déchargeant cette arme, en a retiré un papier servant de bourre sur lequel se trouvaient écrits d'un côté des mots français et de l'autre des mots latins. Quoique l'écriture n'en ait été reconnue par personne, il a été facile de juger qu'elle provenait d'un élève de quinze à seize ans (c'est Bergeron lui-même qui le dit); qu'elle faisait partie ou d'une copie, ou de ce qu'on appelle dans les classes un cahier de corrigé.

Le français, au jugement de plusieurs professeurs des collèges de Saint-Louis et Louis-le-Grand, paraît original et avoir été donné en thème. Le latin qui est de l'autre côté semble être la traduction en cette langue, et avoir été dicté comme corrigé aux élèves. Rien sans doute ne rattache jusqu'à présent ce papier à Bergeron plus qu'à tout autre; mais il était répétiteur dans l'institution de Reusse, et la possibilité qu'il avait d'avoir à sa disposition de pareils écrits rend plus probables les autres faits mis à sa charge.

En résumé, les principes exaltés de Bergeron ; sa haine de la monarchie, qui s'étendait jusque sur le roi; les menaces qu'on a souvent entendues sortir de sa bouche contre Louis-Philippe ; son opinion, qu'il n'a pas dissimulée dans l'instruction, que le roi méritait d'être fusillé, tout prouve qu'il était capable de former le projet de l'assassinat et de le réaliser.

Les révélations, soit à M. Olivier-Dufresne, soit à M. Nay, de la part de Cantineau et Collet, et relatives à Bergeron, confirment cette présomption; et quelque jugement peu favorable que l'on porte de ces individus, on ne peut pas nier que leur déposition, faite dès le 14 novembre, n'ait été vérifiée le 16 par l'arrestation de Billard et la saisie du fusil qui devait servir à commettre le crime.

Tous les autres faits qui ont accompagné l'attentat du 19 novembre ne laissent pas de doute que Bergeron n'en soit l'auteur.

Non-seulement il ne peut pas donner l'emploi de son temps dans cette journée, mais tout prouve qu'il était sur le pont Royal au moment où le crime a été tenté. Il convient de s'y être trouvé ou au moins d'avoir traversé ce pont vers midi; mais la déposition de Janety aîné, confirmée sur tous les points par Delaunay, par les hésitations de Planel et de la demoiselle Lucas, par les aveux de Bergeron relativement aux propos de Janety jeune, et par les reconnaissances tardives et les menaces verbales et écrites de ce dernier, concourt à établir que Bergeron est l'auteur de ce crime. Les pistolets eux-mêmes, quoique non reconnus pour avoir été la propriété de Bergeron, déposent contre lui; il en a eu plusieurs fois à sa disposition, il en convient sans pouvoir dire positivement ni d'où il les avait tirés, ni ce qu'il en a fait. Il en est de même de la bourre, qui ne peut provenir que d'un homme qui, comme lui, corrige des devoirs classiques. Enfin Bergeron ressemble au signalement donné par les témoins de l'auteur du crime; et trois d'entre eux, sans néanmoins oser positivement l'affirmer, déclarent le reconnaître à sa taille, à sa figure pâle et à la couleur de ses cheveux.

Nous avons dit que Bergeron n'était pas seul; qu'il avait des complices, peut-être en grand nombre, surtout qu'il en avait un auprès de lui au moment de l'attentat. C'est, suivant l'instruction, le nommé Benoist.

Benoist était parti de Chauny le 18 novembre et était arrivé à Paris le 19 à sept heures du matin. Son projet avait été de ne se mettre en route que le 19 au matin, ce qui exclut toute idée de complot ou de préméditation de sa part, antérieure au 19 au matin; mais n'ayant trouvé que des voitures du soir, il fut obligé d'avancer son voyage de douze heures.

Il fut, en arrivant, voir Bergeron, et passa avec lui toute la matinée; mais il ne peut expliquer ni ce qu'il fit, ni où il alla. Une première fois il a dit être rentré immédiatement chez son père, rue Guénégaud; mais quand il a appris que Bergeron ne s'était pas expliqué de même, il est convenu d'être allé avec lui chez le tailleur Roux, rue Montpensier. Benoist n'a pu dire ni à quelle heure, ni dans quel lieu Bergeron l'avait quitté. Il ne sait pas davantage sur quel pont il est passé, soit en allant chez le tailleur, soit lorsqu'il en est revenu. Tout ce qu'il a fait du reste, autrement qu'avec Bergeron, il en sait tous les détails. Ainsi il est rentré chez lui, il s'est habillé, il a pris de l'argent pour aller sur le boulevart acheter des gravures; s'étant mis en route par le Pont-Neuf, il s'est aperçu là qu'il n'avait pas besoin d'aller au boulevart, et qu'il trouverait ce qu'il cherchait sur le quai: il a rebroussé chemin, s'est arrêté sous l'arcade de l'Institut, du côté de la rue de Seine, a feuilleté des cartons d'estampes et acheté quelques gravures à un marchand nommé Danloz. Tous ces détails sont extraordinaires de la part d'un homme qui dit ne pas connaître les rues de Paris, et qui ne se rappelle rien de ce qu'il a fait dans la matinée. Il semble que dans ce moment de la journée la mémoire l'ait complètement abandonné pour lui revenir très-fidèle et très-présente pour l'autre partie du jour. Quoi qu'il en soit, il convient de s'être trouvé sur le Pont-Royal au moment de l'attentat, et d'avoir entendu le coup de pistolet. Il nie d'y avoir vu Bergeron; mais tout porte à croire qu'il ne dit pas la vérité, et qu'ils y étaient ensemble.

En effet, Janety aîné rapporte tenir de Planel que lorsqu'il avait quitté Bergeron sur le Pont-Royal, après la confidence qu'il lui avait faite de son intention de tirer un coup de pistolet au roi, Bergeron était resté avec Benoist, et *qu'ils attendaient là tous les deux*.

Janety ajoute (et ceci lui est personnel) que lorsqu'il allait avec Planel vers la Préfecture de Police pour savoir si l'auteur de l'attentat était arrêté, ils rencontrèrent Benoist sur le Pont-Neuf, et qu'étant retournés avec lui vers la rue Dauphine pour s'informer de Bergeron

chez la dame Lucas *il leur raconta que Bergeron avait tiré le coup....* qu'il avait montré beaucoup de sang-froid... qu'ils étaient revenus ensemble par la rive droite de la Seine jusqu'au Pont-Neuf; que là il avait disparu sans qu'il sût ce qu'il était devenu.

Voilà un fait personnel à Janety aîné. Il dépose là, non plus de ce que lui a raconté Planel, mais de ce qu'il a *vu, entendu* et *fait* lui-même. C'est lui qui a vu Benoist sur le Pont-Neuf, lorsqu'il revenait du lieu de l'attentat; c'est lui, c'est sa propre oreille qui a entendu Benoist rendre compte de la manière dont Bergeron avait commis le crime, de son sang-froid, du flegme à l'aide duquel il était parvenu à se sauver : c'est lui, enfin, qui est allé avec Planel et Benoist chez la demoiselle Lucas pour savoir si Bergeron ne s'y était pas retiré.

On sait maintenant quelle confiance mérite Janety aîné. Ses deux oncles Garnaud l'ont dit : Il a trop de générosité et d'élévation dans le caractère pour faire de fausses déclarations, surtout dans une circonstance aussi importante. Janety, d'ailleurs, a lui-même fourni l'occasion de vérifier la sincérité de sa déposition, en ce qui concerne Benoist, comme il l'avait fait pour Planel et Delaunay.

Il voyait Benoist pour la première fois. On ne peut pas dire que, dans les quatre jours seulement que Benoist resta à Paris, il l'ait rencontré une autre fois; tout prouve au contraire qu'il ne l'a vu que ce jour-là. Eh bien! sur la demande d'un de MM. les conseillers, Janety aîné a fait de Benoist le portrait le plus fidèle. Il indique comment il était habillé ce jour-là; il donne la couleur de ses cheveux, de ses favoris, de ses yeux; il cite la cicatrice que Benoist a sur la figure, et jusqu'à la place qu'elle occupe sous l'un de ses yeux.

Cette démonstration est sans réplique, et cependant Janety aîné y ajoute encore par une autre preuve du même genre. Suivant sa déposition, Benoist, Planel et lui, allèrent du Pont-Neuf chez la demoiselle Lucas pour voir si Bergeron n'y était pas. La description très circonstanciée qu'il donne de l'appartement de cette demoiselle, et de son ameublement, les force, elle et Planel, de convenir qu'il faut bien que Janety soit allé chez elle pour connaître si parfaitement son intérieur.

Mais ce n'est pas seulement dans la déposition si concluante de Janety aîné que l'on trouve la preuve de la présence de Benoist sur le Pont-Royal, et de sa réunion avec Bergeron au moment où celui-ci se proposait de tirer le coup de pistolet.

Tous les témoins qui ont vu l'assassin et qui se sont trouvés placés à côté de lui s'accordent à dire qu'il n'était pas seul, qu'il causait de temps en temps avec un individu qui était sur la même ligne à six ou huit pas de lui; qu'ils allaient de l'un à l'autre, se parlaient à l'oreille, et avaient l'air préoccupé. Il n'y avait personne qui les séparât.

La demoiselle Finot et la veuve Sentin sont allées plus loin; elles ont donné le signalement de l'homme qui causait avec l'assassin. Il portait une redingote bleue, avait beaucoup de barbe sous le menton et des favoris jusque sur les joues. Toutes ces indications conviennent et s'appliquent parfaitement à Benoist.

Le caporal Schœrer, qui avait d'abord saisi sur le lieu de l'attentat, et ensuite abandonné par une fatalité trop commune dans ces sortes d'événemens, un homme qui avait laissé voir, et tomber ensuite, un des deux pistolets ramassés sur le Pont-Royal, Schœrer dépose qu'il y a de la ressemblance entre Benoist et cet homme. C'est à peu près la même taille, la même pâleur et maigreur de la figure; la même barbe, quant à sa forme.

La femme Martin, cuisinière chez M. le conseiller d'état Taboureau, le confond avec l'assassin. Elle lui trouve la figure et les favoris de l'homme qui a tiré. Plus je le regarde, dit-elle, plus je trouve que c'est lui que j'ai vu. Je le reconnais particulièrement de côté à sa figure alongée, sa bouche et son nez.

Cette déposition pourrait faire penser, comme beaucoup d'autres, que les personnes qui étaient sur le lieu de l'attentat, ayant regardé en même temps Bergeron et Benoist qui se rapprochaient souvent pour se parler à l'oreille, confondent facilement leurs traits, et appliquent à l'un ce qui appartient à l'autre. C'est ce qui pourrait être arrivé à la femme Martin; et ce que n'ont pas su éviter le sieur Dupuis et le brigadier Faivres, qui disent avoir vu une cicatrice sous l'œil de l'assassin. Or aucun des autres témoins ne parle de cette marque, que Janety et la vérité du fait laissent à Benoist que tout porte à regarder comme ayant assisté Bergeron.

Benoist se défend de ces témoignages, en disant que les témoins se trompent; et à l'égard de Janety qui ne peut se tromper, puisqu'il dépose de ce qu'il aurait vu et de ce que Benoist lui aurait rapporté, il déclare absurde sa déposition, par le motif qu'il n'aurait pas pu faire des confidences de cette nature à un individu qu'il ne connaissait pas.

On peut lui répondre qu'il n'y a rien d'absurde dans la déposition de Janety; que lui, Benoist, connaissait Planel depuis long-temps, ou au moins l'ayant vu le matin même du 19, s'étant trouvés ensemble sur le Pont-Royal et sachant qu'il n'ignorait pas le projet de Bergeron, puisqu'il avait voulu l'en dissuader, et qu'il ne l'avait quitté que parce qu'il n'avait pas pu réussir; il n'y avait rien d'absurde à admettre qu'en le retrouvant, après l'événement, il lui ait, encore tout ému et hors de lui-même, raconté ce qui venait de se passer. Il serait extraordinaire qu'il n'en eût pas été ainsi.

Tout se réunit donc pour démontrer la présence de Benoist sur le Pont-Royal au moment de l'attentat, sa réunion avec Bergeron, l'assistance qu'il lui a prêtée, et par cela même sa coopération au crime. En conséquence sont accusés, etc.

COUR D'ASSISES DE LA SEINE.

PRÉSIDENCE DE M. DUBOYS (D'ANGERS).

AUDIENCE DU 11 MARS.

Plusieurs compagnies de ligne et de garde municipale entourent le Palais de Justice; la force armée encombre toutes les avenues de la cour d'assises. Une nuée de sergens-de-ville empêche l'entrée de la foule qui se presse pour assister à ces curieux débats. A l'intérieur encore des sergens-de-ville, les uns en uniformes, les autres en bourgeois. On les voit rôder de tous côtés comme dans un jour d'émeute .. Les bancs réservés aux témoins sont entièrement garnis. On y compte plus de 130 personnes : parmi elles nous remarquons MM. Laboissière, député; Gabriel Delessert, le général Pajol, le général Bernard, plusieurs officiers supérieurs; enfin, mademoiselle Boury. Cette dernière a une physionomie assez distinguée; les yeux noirs, le front découvert, le teint pâle. Un certain nombre de dames élégamment vêtues occupent les places que leur a fait réserver M. le président.

A dix heures et demie l'audience est ouverte. Les deux conseillers assistant le président sont MM. Chaubry et Crespin de Larachée. M. Portalis siége comme conseiller supplémentaire.

Le procureur général Persil, qui doit porter la parole, est accompagné du substitut Frank-Carré.

A onze heures le tirage au sort est terminé; deux jurés supplémentaires, accordés à la requête du ministère public, siégent au-dessous du bureau du président. Voici leurs noms :

MM. Liogier, propriétaire; Léonard Giraud; Maflon, agent de surveillance à l'Hospice de la Vieillesse à Gentilly; Milet, hongroyeur; Maurin, ancien commandant de cavalerie; Paris, faïencier; Kuszner, traiteur; Pihan, peintre en bâtimens; Barrois, marchand de vins; Hervé de Linneville, banquier; Leclerc, propriétaire; Turceau, propriétaire.

Jurés supplémentaires : MM. Loupot, licencié ès-lettres; Herbelin, ancien chef de la préfecture de la Seine.

Des habits, un petit fusil et deux pistolets de poche, à balles forcées, sont exposés sur la table.

Les accusés sont introduits par neuf gendarmes. (Mouvement de curiosité.)

Bergeron est un jeune homme de moyenne taille, d'une figure douce et très distinguée. Il est vêtu avec soin. Benoist a les cheveux et les favoris d'un noir prononcé. Sa physionomie est franche et ouverte; une raie est au-dessous de son œil droit, ses sourcils épais caractérisent ses traits d'une manière remarquable. Ces deux accusés saluent leurs amis à droite et à gauche en souriant. Derrière eux sont leurs témoins : MM. Petit-Jean, décoré de juillet, et Saint-Souplet, tous deux escortés de gendarmes et extraits de Sainte-Pélagie où M. Petit-Jean

subit depuis plus de trois mois une prévention pour faits à lui impu-
tés. Nous dirons en passant que tous ses co-prévenus ont été relâchés
hier par ordre de justice, et que lui seul est retenu quoique, malade,
sans qu'on lui fasse connaître le motif de sa longue captivité.

Le président demande aux accusés leurs nom, prénoms, âge, profession, etc.

Le premier accusé déclare se nommer Louis Bergeron, âgé de vingt-
deux ans et répétiteur chez M. de Reusse, rue de Vaugirard n. 48; il
est né à Chauny, département de l'Aisne.

Le deuxième accusé déclare se nommer François-Philippe Benoist;
il est âgé de vingt-huit ans et exerce la profession de médecin, à Chauny, où il est domicilié.

Sur l'invitation de M. le président, le greffier donne lecture aux
accusés de l'acte d'accusation. Nous nous dispenserons de rapporter
ici cette pièce, que nous avons placée séparément en tête de notre publication.

Après cette lecture, qui a duré plus de deux heures, M. le président
aux accusés : Bergeron, le 19 novembre dernier un attentat a été commis sur la personne du roi, vous êtes accusé d'être l'auteur de cet attentat; et vous, Benoist, d'en avoir facilité l'exécution. Vous allez entendre les charges qui s'élèvent contre vous.

Un huissier fait l'appel des témoins.

Les témoins Duponchel et femme Morlot, qui ne répondent pas à
l'appel, sont condamnés, sur le réquisitoire du ministère public, à 50
francs d'amende.

Le Président. Je vais procéder à l'interrogatoire des accusés. Il portera d'abord sur l'emploi du temps de chacun d'eux, dans la journée du
19 novembre. Il est nécessaire pour cela de les interroger séparément.
Faites retirer l'accusé Benoist. (Cet accusé est emmené hors de l'audience.)

Le Président à l'accusé Bergeron : Vous savez de quoi vous êtes
accusé. Faites-nous connaître l'emploi de votre temps dans la journée
du 19 novembre.

Bergeron. Le 19 novembre j'ai fait une répétition chez M. de Reusse,
depuis 7 heures du matin jusqu'à 9 heures et demie. A cette heure
Benoist est venu me trouver, et nous nous sommes ensuite rendus ensemble chez mon tailleur, rue Montpensier, n. 9.

Le Président. Quel temps s'est-il écoulé depuis l'arrivée de Benoist
jusqu'à votre départ avec lui de la maison de M. de Reusse? — R. Un
quart-d'heure. — D. Vous avez dit qu'il était allé voir un malade et que
pendant ce temps vous aviez fait votre toilette. — R. Il s'est écoulé un
quart-d'heure, mais je n'ai pas dit que j'avais fait ma toilette; car
qu'avais-je besoin de toilette pour aller chez mon tailleur?—D. Ainsi,
tout calcul fait, il était 9 heures 3 quarts quand vous avez quitté votre
institution. Il est important de compter tous vos instans. Où êtes-vous
allé directement?—R. Chez mon tailleur. — D. Combien de temps y
êtes-vous resté?—R. Une demi-heure.

D. Alors, en comptant le temps d'y aller, il étoit 10 heures et demie environ quand vous en êtes sorti. Avez-vous laissé là Benoist?—R. Non; mais après avoir fait quelques pas ensemble, nous nous sommes quittés. — D. L'avez-vous revu de la journée?—R. A sept heures du soir.—D. Ainsi, d'après votre déclaration, vous êtes allé à vos affaires et lui aux siennes. Mais qu'avez-vous fait en vous séparant de Benoist?—R. J'ai été voir mon cousin Lécluse, qui travaille chez Mᵉ Vallée, avoué, rue Richelieu, n. 15.—D. Êtes-vous monté à l'étude?—R. Je l'ai rencontré dans la cour. Nous nous sommes ensuite dirigés du côté des Tuileries, où nous nous sommes promenés.

D. Combien de temps et dans quelle partie du jardin?—R. Nous nous sommes promenés une heure et demie sur la terrasse du bord de l'eau.—D. Ainsi il pouvait être midi et demi?—R. Oui, monsieur.—D. Il y avait déjà des dispositions pour le cortège? — Oui, monsieur.— D. Où êtes-vous allé ensuite en quittant Lécluse?—R. Je me suis trans-porté chez M Fontaine, qui tient un cabinet de lecture, rue Jacob.— D. Vous avez traversé le Pont-Royal?—R. Oui, monsieur.—D. Com-ment se fait-il que vous n'y êtes pas resté pour voir passer le cortège? Vous n'êtes guère curieux. Beaucoup d'autres l'ont été beaucoup plus que vous... (Murmures dans l'auditoire.)—R. Le cortège ne devait passer qu'à deux heures, je ne voulais pas attendre si long-temps pour voir un cortège.

D. Jusqu'à quelle heure êtes-vous resté chez M. Fontaine?—R. Jus-qu'à trois heures environ. J'y ai dîné.—D. Vous n'avez pas l'habitude d'y prendre vos repas. Il est étonnant que ce jour vous y ayez mangé. Avec qui avez-vous dîné?—R. Avec M. Fontaine, son épouse et leur demoiselle.—D. Qu'avez-vous fait ensuite?—R. M. Fontaine m'a em-mené avec lui au bureau de la *Gazette de France*, où nous n'avons fait qu'entrer et sortir; nous nous sommes rendus au Palais-Royal, au café du Phénix, et nous sommes retournés en sortant de ce café à la *Gazette de France*. Il était quatre heures; c'était l'heure à laquelle on nous avait dit de revenir pour avoir des numéros du journal.

D. En quittant M. Fontaine, êtes-vous directement rentré à votre pension?—R. Je ne me le rappelle pas.—D. Maintenant je dois vous de-mander des explications sur les variations qu'on remarque dans vos dif-férens interrogatoires. Ainsi, au lieu de dire, comme tout à l'heure, que vous vous étiez promené avec Lécluse aux Tuileries, vous avez dé-claré, dans votre premier interrogatoire, que vous l'aviez reconduit jusqu'à la place Dauphine.—R. J'avais l'habitude de conduire Lécluse au Palais. Quand on m'a d'abord interrogé, j'avais la tête troublée; j'ai cru que j'avais reconduit Lécluse jusqu'au Palais, comme je le faisais ordinairement lorsque j'allais le visiter à son étude.

D. Avez-vous appris l'événement arrivé sur le Pont-Royal?—R. Oui, monsieur, je l'ai appris, je crois, par madame Fontaine, alors que nous étions à table. — D. Vous n'êtes pas d'accord avec votre premier in-terrogatoire. Vous avez déclaré alors que la nouvelle de l'événement vous avait été donnée par un lecteur du cabinet de lecture. — R. Je n'avais pas alors ma présence d'esprit, j'étais troublé. J'ai pu faire cette déclaration dans la crainte de compromettre un camarade. — D. Vous faisiez un raisonnement qui n'annonçait pas du trouble.... Vous venez de dire que vous n'aviez été au cabinet que dans l'après-midi. Dans un de vos précédens interrogatoires, vous disiez y avoir été avant votre visite chez votre tailleur? — R. Qu'importe! cela veut dire que je serais entré un instant au cabinet, en allant chez le tailleur; d'ailleurs ce n'est point là l'affaire importante. On m'a fait venir quinze ou vingt fois chez les juges, on me forçait de préciser des minuties; en vérité, je pouvais fort bien me tromper sur ces bagatelles.

D. Mais puisqu'on vous faisait les mêmes demandes, vous deviez faire les mêmes réponses? (Murmures d'impatience.) — R. Mais, monsieur, votre même objection se reproduit sans cesse. Pardon; si le 19 j'avais su devoir être accusé d'un attentat, j'aurais pris un calepin et j'aurais tenu note scrupuleuse de mes moindres actes, pour la plus grande satisfaction de MM. les juges d'instruction.

Malgré cette réponse, M. le président insiste encore et lui reproduit ses précédentes narrations sur ce qu'il a fait avec Benoist. Bergeron dit que son ami a passé trois jours à Paris, et que telle circonstance peu importante qu'il a, après coup, rapportée au 19 a pu n'avoir lieu qu'après.

D. Ainsi vous avouez avoir confondu les jours. Voici de votre part une autre contradiction..... (Murmures au banc du barreau.) J'invite messieurs du barreau à s'abstenir de tout signe approbatif ou improbatif. (A Bergeron.) Dans votre interrogatoire du 23, vous dites que Benoist vous a accompagné jusqu'à la place du Carrousel? — R. C'est possible; qu'importent quelques pas de plus ou de moins, lorsque cela ne porte pas sur les faits principaux? Il peut m'avoir ou ne m'avoir pas accompagné jusque là, tirez-en les inductions que vous voudrez. — D. Vous avez dit aussi avoir été chez le père de Benoist? Tout est important dans une affaire où vous êtes accusé d'avoir attenté à la personne du roi. (On rit.) — R. Je répondrai à cette question ce que je viens de répondre aux autres sur des circonstances aussi futiles: que si ce fait n'appartient pas au 19, il appartient au lendemain. Songez qu'il y a quatre mois que tout cela s'est passé.

Me Joly, défenseur de Bergeron. Nous sommes depuis long-temps sous une prévention grave; et cependant, depuis le commencement de ces débats, je ne puis assez m'étonner de la futilité des faits invoqués pour la soutenir. Plus tard nous abattrons tout le frêle échafaudage du ministère public; à présent je ne dis qu'un mot: Messieurs, consultez vos consciences, et voyez si, de quart-d'heure en quart-d'heure, on peut donner l'emploi de toute une journée sans se tromper sur les circonstances les plus fugitives.

Ici Me Joly rappelle les prétendues contradictions trouvées dans les divers interrogatoires, et démontre qu'elles n'ont aucun rapport à l'accusation. Il est, ajoute l'avocat, un point culminant sur lequel Bergeron ne varie pas, c'est celui-ci: qu'à l'heure où le coup de pistolet a été tiré il était loin du Pont-Royal, dans un cabinet de lecture où il déjeunait en compagnie de trois personnes. Tout le reste est du dernier oiseux.

Le Procureur général Persil engage messieurs les jurés à ne pas se laisser entraîner aux observations du défenseur. S'adressant ensuite à Bergeron, il lui demande s'il ne donne pas des leçons autre part que dans la pension de M. Reusse.—R. J'en donne encore une chez madame Dufresnoy, rue du Mont-Parnasse. — D. L'avez-vous donnée le 19? — R. Non. — D. Pourquoi? — R. Parce que je suis assez libre dans cette maison pour retarder l'heure de ma leçon ou la supprimer même sans encourir le moindre blâme.— D. Mais le 19 vous n'aviez pas d'affaire importante?—R. Il me suffisait d'être loin du quartier Mont-Parnasse et d'avoir une invitation à déjeuner pour ne pas aller ce jour-là chez madame Dufresnoy. Cela m'est arrivé vingt fois pour des choses aussi peu importantes.

D. Vous n'avez aucune observation à ajouter à votre interrogatoire? —R. Au contraire, j'en ai une qui importe fort. C'est que M. Giroux a été comme moi accusé, arrêté pour le même fait. De l'aveu même de M. le procureur général, tous ses interrogatoires ont été pleins de contradictions autant et plus frappantes que les miennes, et cependant on l'a relâché. Que messieurs les jurés fassent leur profit de cette circonstance. (Plusieurs voix dans l'auditoire : Très-bien !) — Les gendarmes font retirer Bergeron et amènent Benoist.

Le Président. Prévenu Benoist, à quelle heure êtes-vous arrivé de Chauny à Paris le 19? — R. Sur les 6 à 7 heures. — D. Vous avez mentionné une autre heure dans le cours de l'instruction. Attendez-vous à vous voir opposer toutes vos irrégularités. — R. S'il vous faut plus de précision pour l'heure, les postillons qui m'ont amené vous la donneront. (Très-bien ! très bien !)

Ici M. le président recommence, à l'égard de Benoist, ce qu'il a fait pour Bergeron. Il lui détaille, quart-d'heure par quart-d'heure, tous ses actes de la journée du 19 avec ou sans Bergeron, et oppose entre elles les diverses versions données par le prévenu; il insiste plusieurs fois sur les mêmes faits : et force plusieurs fois Benoist à répéter les mêmes réponses aux mêmes objections. Il se trouve parfaitement d'accord avec Bergeron en ce fait, qu'il a passé trois jours à Paris avec lui, et qu'il peut avoir rapporté à tel de ces jours telle circonstance de peu de valeur appartenant à l'autre.

Le Président. Etiez-vous sur le Pont-Royal quand le roi a passé ? — R. Oui. — D. Avez-vous entendu l'explosion? — R. Certainement. — Etiez-vous loin du lieu où le coup a été tiré? — R. A vingt-cinq pas environ.

Le Président. Après ce grand événement... (Rires et murmures.) Huissiers, faites faire silence ! (A Benoist.) Après ce grand événement, où êtes-vous allé?—R. Chez moi.—D. Par quel pont avez-vous pris? — R. Par le pont des Arts. — D. Vous n'avez pas dit cela dans l'instruction? — R. (En riant.) J'avais oublié de dire que j'avais donné un sou pour passer l'eau. (Nouvelle adhésion.)

M. le président revient encore une fois sur les circonstances de la visite de Benoist à Bergeron dans la matinée.

Le Procureur général Persil. Prévenu, vous n'êtes pas venu avant le 19 à Paris ?—R. Je suis venu le 15.—D. Pourquoi n'en aviez-vous rien dit dans aucun de vos interrogatoires? — R. Parce que j'avais intérêt à le cacher. Je ne voulais pas qu'on sût à Chauny que je venais pour passer mon examen de bachelier ès-lettres, dans la crainte de ne pas réussir. — D. Quelle voiture avez-vous prise pour aller et pour venir? — R. La première que j'ai trouvée sur la route, comme cela se fait souvent. — D. La voiture vous attendait donc?— R. Au contraire, c'est moi qui allais l'attendre. (On rit.) Mais que font tous ces faits à la cause ?

Le Procureur général. Beaucoup ; c'est que, vérification faite du registre de la faculté, il résulte qu'un autre a signé pour vous. La signature est-elle de votre main? — R. Non, monsieur. — D. Benoist, je vous le demande sérieusement, êtes-vous venu le 15 à Paris?—R. Oui, monsieur, très-sérieusement.

MM. Joly et Moulin, défenseurs des prévenus, font remarquer à MM. les jurés que l'observation de M. Persil tient à des réserves faites par le ministère public sur une seconde affaire intentée aux accusés pendant la 2e partie de l'instruction.

Le Procureur général. Je n'ai fait aucune réserve.

Le Président. Qu'on fasse rentrer Bergeron, pour qu'il prenne connaissance de ce qui le concerne dans l'interrogatoire de Benoist.

Bergeron est ramené : interrogé s'il avait passé l'examen de bachelier pour Benoist, et signé pour lui, il répond négativement.

Me Joly, avocat. On a vérifié les signatures apposées au bas des registres de bacheliers, et il a été reconnu qu'elles n'étaient pas de l'écriture de Bergeron.

Le Procureur général. Benoist cherche à cacher que Bergeron a passé son examen pour lui, et pour y parvenir il prétend être venu le 15; mais pour fuir une accusation qui serait peu grave, du moins pour lui (mouvement), il donne prise au fait de complicité dans l'affaire du Pont-Royal : car nous tirerions de son voyage à Paris des inductions très-graves. Je demanderai donc sérieusement à l'accusé Benoist s'il est venu à Paris le 15 ?—*Benoist.* Oui, monsieur, et tirez-en les inductions que vous voudrez.

Bergeron explique que, s'il a déclaré que Benoist était venu à Paris, c'est qu'il savait qu'à cette époque il devait passer son examen. Le fait est qu'il n'a pas vu Benoist le 15.

Le Procureur général fait consigner les aveux de Benoist dans le procès-verbal. — L'audience est levée pour une demi-heure.

Pendant la suspension de l'audience, des crieurs publics distribuaient à la porte du palais une brochure contenant 34 pages. Cette brochure a pour titre: *Le coup de pistolet*, réfutation des calomnies auxquelles le gouvernement a été en butte, par Dem. Cl.., Cette œuvre dégoûtante de mensonge est également distribuée dans la salle d'audience, et la police le souffre... Elle le permet. D'autres assurent que ce sont des agens qui sont les distributeurs. ... L'audience est reprise. M. Persil est absent. M. Frank-Carré seul occupe le parquet. — On passe à l'audition des témoins.

M. Cordier, maire de la commune des Fourneaux, près Melun: J'étais un jour à Melun, au café Français; j'entendis un jeune homme dire: « Si le gouvernement ne change pas de marche, je connais beaucoup de jeunes gens décidés à commettre un régicide. »

L'accusé. Quel est ce jeune homme?

Le Président. C'était le nommé Eugène Hess.

M. Chignot, employé à Melun, fait une déposition semblable à celle du précédent témoin.

M Lejeune, limonadier à Melun, a entendu le nommé Hess dire qu'il était certain qu'à l'ouverture des chambres il y aurait des émeutes à Paris.

Me Moulin. Hess a-t-il été arrêté, et son arrestation a-t-elle été suivie d'une instruction?

M. Frank-Carré, avocat général. Il y a eu une ordonnance de non lieu.

Me Moulin. C'est ce qui prouve qu'on n'attachait aucune importance à ce propos.

Mademoiselle Jeannette, cuisinière chez M. Evariste Dumoulin, a entendu dire à deux jeunes gens, le 16 novembre, à sept heures et demie du soir, vers la pointe Sainte-Eustache: « Il faut que le roi tombe avant le 1er janvier. » Le plus grand avait des favoris noirs, il paraissait âgé de 22 à 23 ans. Le plus jeune dit: « Il ne pourra jamais lâcher son coup de pistolet. » — « Bah! répondit le grand, il ne le manquera pas. »

Le Président. Reconnaissez-vous ces jeunes gens dans les deux accusés? — R. Le plus grand de mes jeunes gens n'était pas si noir que celui-ci (montrant Benoist), et le plus jeune était plus fort que monsieur (elle désigne Bergeron).

M. Fromont, épicier, rue de Lille, n. 7. Deux jeunes gens ont dit en sa présence qu'il fallait que le roi sautât aujourd'hui. L'un de ces jeunes gens avait une cicatrice à la figure et portait une redingote marron. Le témoin ne reconnaît pas les accusés.

Me Moulin fait observer que deux individus marqués d'une cicatrice sur la figure avaient déjà été signalés et que son client n'était pas reconnu.

M. Goubeaux, marchand de chocolat, rue St-Martin, n. 120.—J'ai entendu dire dans la matinée du 19 novembre, à un homme qui va déposer tout-à-l'heure, que les faubourgs allaient se porter sur les Tuileries et que le roi serait assassiné.

M. Chéron, garçon de recette, rue Sainte-Avoie, n. 69, nie avoir tenu le propos que lui attribue le précédent témoin. Il a dit seulement qu'il pourrait y avoir du bruit dans Paris.

M. Charville, clerc d'avoué (ce témoin est âgé de 13 ans et demi).— Il déclare, à titre de renseignement, qu'en traversant le passage Choiseul il fut abordé par un jeune homme qui lui demanda s'il ne travaillait pas chez M. Devaurez, avoué; sur sa réponse affirmative, cet individu, qui lui a paru de l'âge de vingt-quatre ans, le pria de lui enseigner une place de troisième clerc chez un avoué. En marchant ensemble, l'individu lui dit qu'il était carliste enragé, et qu'aujourd'hui on devait assassiner le roi. Le témoin ne reconnaît aucun des accusés.

M. le général Pajol. J'étais le 19 novembre à la gauche du roi, quand il passa sur le Pont-Royal. Un coup de pistolet fut tiré entre deux hommes en faction ; j'ai vu le feu, voilà tout ce que je puis dire.

D. L'homme qui a tiré était-il isolé ? — R. Il devait être placé entre les deux soldats.

Le témoin continuant sa déposition ajoute: Le coup a fait beaucoup de bruit, j'ai cru un instant qu'il provenait d'un fusil.

D. Avez-vous entendu siffler la balle ? — R. Non, monsieur. — D. Dans quelle direction le coup a-t-il été tiré?—R. Il a été tiré de bas en haut. On devait être placé entre le trottoir et les hommes de garde. La balle s'est, je pense, perdue dans la Seine. Le témoin ajoute qu'il a vu le pistolet, qu'un colonel a ramassé. Il reconnaît que c'est cette arme que M. le président lui représente. Enfin le mouvement qui s'est opéré à l'instant du fait l'a empêché de distinguer le coupable.

M. le général Bernard, aide-de-camp du roi, était, comme M. le général Pajol, placé à la gauche de S M. au moment où le roi adressait la parole au public qui se tenait à la droite: un coup de pistolet fut tiré. Le témoin se retourna, vit la fumée ; mais un grand mouvement s'étant aussitôt opéré dans la foule, il ne put entrevoir l'auteur de l'attentat.

M. Delessert (Abraham-Gabriel), rue Montmartre, n. 127: J'étais à côté du roi; il est évident qu'on a voulu tirer sur lui. Je n'ai pas vu tirer; seulement j'ai entendu la détonation. J'ai remarqué le groupe d'où était parti le coup; ce groupe opposait une vive résistance à la force armée, surtout un jeune homme très brun vêtu d'une redingote bleu-de-ciel. Ce qui a, dit le témoin, empêché probablement de saisir le coupable, c'est que M. Lobau a dit : « Ce n'est rien, c'est le fusil d'un soldat qui vient de partir. »

Interrogé s'il reconnaît les prévenus, il dit trouver de l'analogie entre le coupable et Benoist à cause des favoris bruns de ce dernier. Mais, affirme-t-il, l'autre était beaucoup plus grand.

Le Président. N'auriez-vous pas été induit en erreur par le parapet ? — R. Je ne le crois pas.

On représente à Benoist une redingote bleu-clair, faisant partie des pièces de conviction.

Le Président. Benoist, étiez-vous vêtu de cette redingote le 19 ? — R. Oui, monsieur.

Le Président au témoin. Reconnaissez-vous cette redingote pour celle que portait l'homme que vous avez signalé ? — R. Je n'ai là-dessus que des souvenirs confus; mais ce qui m'a frappé dans celle du Pont-Royal, c'est qu'elle avait un collet de pluche bleu-clair (celle de Benoist est tout unie.

M° Moulin reproduit un des interrogatoires de M. Delessert, dans lequel il a *positivement* déclaré ne reconnaître ni Benoist, ni le vêtement qui lui était présenté.

M. Delessert répond qu'effectivement il ne reconnaît ni Benoist, ni la redingote qu'il portait.

Me Moulin. Messieurs, je ne ferai pas remarquer les variantes des témoignages de M. Delessert et des autres témoins. Leurs souvenirs sont confus, il en est de ces témoignages comme des contradictions des accusés. Je demanderai à M. Delessert s'il a ramassé lui-même le pistolet, comme l'avait annoncé un journal ministériel? — *M. Delessert.* Non, monsieur.

Le Président. Les journaux sont si souvent induits en erreur! (Le ton lamentable du président en prononçant ces paroles excite dans l'assemblée un mouvement d'hilarité.)

M. Rafé, colonel d'état-major de la garde nationale, avait les yeux tournés vers le groupe d'où est parti le coup. Il y a dirigé son cheval et fait établir une chaîne pour que le coupable n'échappât pas. C'est à lui qu'a été remis le pistolet, *trouvé* par *un sergent-de-ville,* au moment où le coup venait d'être tiré. Du reste, il ne l'a pas vu partir.

Le Président. Comment donc avez-vous pensé que le coup était dirigé sur le roi? — R. Cela était tout naturel (attention profonde); nous étions d'ailleurs instruits d'avance aux Tuileries qu'on devait, à son passage, tirer sur le roi (vives marques d'étonnement). — D. Le roi avait-il été prévenu de cela? — R. Mais, monsieur... je l'ignore.

Me Joly. Je demande acte de cette partie de la déposition du témoin : il est de la plus haute importance de constater qu'on savait généralement aux Tuileries que le roi serait attaqué le 19 à son passage sur le Pont-Royal.—La cour donne acte, conformément à la demande du défenseur.

M. Gallois, capitaine d'état-major de la garde nationale, dépose qu'il a entendu le roi dire qu'il n'avait pas entendu le sifflement de la balle.

Me Joly. Et le maréchal Lobau, a-t-il dit l'avoir entendu? — *Le témoin.* Le maréchal Lobau n'a rien dit.

Me Joly. Ce n'est pas pour faire un reproche au témoin, à cause de son erreur, mais pour constater qu'il est facile de se tromper, que je lui ferai observer que, dans sa déposition écrite, il a déclaré que le maréchal Lobau avait dit aussi qu'il n'avait pas entendu le sifflement de la balle.

Petit-Didier, sergent-de-ville, fait une déposition très-insignifiante.

Lourdel, autre sergent-de-ville, a vu dans le groupe un individu plus ardent que les autres, qui lui a échappé dans le tumulte, mais qu'il croirait pouvoir affirmer avoir fait le coup. Il en donne un signalement exact, et affirme qu'il le reconnaîtrait. Il ne le retrouve dans aucun des prévenus, non plus que dans les vêtemens qui lui sont présentés. Il n'a pas vu mademoiselle Boury sur le lieu de la scène.

La déposition de M. Schœrer, caporal de la garde municipale, offre le plus haut intérêt. Après la détonation, il entendit des cris de *vive le roi! — Ah! ah! ah! — Il faut tuer le coquin!* etc.; mais il vit que tout cela n'était au contraire que pour le soustraire. Il courut sur un individu qui criait plus que les autres, et qui avait des favoris fauves avec des moustachesses en brosse, et sous la redingote duquel il crut voir une crosse de pistolet. Il le livra aux sergens-de-ville qui le secouaient beaucoup, ce qui fit tomber le pistolet. Tandis que je me baissais pour le ramasser, dit le témoin, il fut entraîné par les sergens -de-ville du côté des Tuileries. Je ne l'ai pas revu. Je crus qu'il serait mis en prison.

Le Président. Prévenus, levez-vous. (Au témoin.) Reconnaissez-vous votre homme? — R. Celui-ci (désignant Benoist) aurait quelque ressemblance.

Le Président, après avoir fait descendre Benoist à côté du témoin. Regardez-le bien; est-ce lui? Vous devez bien le reconnaître, puisque vous l'avez pris par le bras (mouvement).

Le témoin (examinant bien). Non, pour sûr, ce n'est pas lui; l'autre était plus gros et avait les favoris plus roux. (Dans l'auditoire : Ah!...) Le témoin ne reconnaît pas non plus Bergeron, qu'il assure n'avoir vu que dans le cabinet du juge d'instruction.

MM. Noël, Bouilly et Marut de Lombre, commissaires de police, ne reconnaissent aucun des prévenus.

M. Marut de Lombre, interrogé, déclare que le jour de l'attentat il a vu mademoiselle Boury au château des Tuileries avec le général Athalin. Elle était évanouie.... je ne pus l'interroger : quand elle fut remise, M. le procureur du roi emmena avec lui mademoiselle Boury. Le témoin ne sait pas où le procureur du roi la conduisit.

On entend encore Moussel, officier-de-paix, sur les faits généraux ; après quoi l'audience est renvoyée à demain.

AUDIENCE DU 12.

La force armée encombre toujours les avenues et l'intérieur du Palais de Justice. La police voudrait absolument faire croire que l'accusation de l'*attentat horrible* est autre chose qu'un ecomédie, déplorable seulement pour deux accusés qui éprouvent plus de surprise et d'indignation que de crainte d'être tombés au sort pour servir de victimes. — Des hommes de mauvaise mine ne cessent pas de vendre et de distribuer les brochures dont nous avons parlé. Le mépris qu'on témoigne à ces colporteurs ne les dégoûte pas.

A dix heures et demie les portes sont ouvertes. Les sergens-de-ville, qui paraissent chargés de la police de l'audience, laissent entrer très peu de monde.

Bergeron. Monsieur le président, mes amis se pressaient hier aux portes de la cour d'assises. L'auditoire peut contenir un plus grand nombre de personnes. Je vous prie d'ordonner que les portes restent ouvertes.— Il est fait droit à cette demande, et Rocton, premier témoin, est introduit.

Rocton. Le 19 novembre dernier, j'étais sur le Pont-Royal; je vis un groupe qui criait *Vive le roi!* Un coup de feu partit. Une seconde après, le roi dit : « Ce n'est rien. » On cria : Il faut l'arrêter! » Un monsieur, ayant une écharpe, interrogea un individu au pied duquel je ramassai un pistolet. Je le remis au monsieur qui portait écharpe. Un moment après, je ramassai un deuxième pistolet que je remis à un officier à cheval.

Le Président. Avez-vous remarqué les vêtemens de l'individu aux pieds duquel vous avez ramassé le pistolet ? — R. Le témoin répond affirmativement; mais il ne reconnaît aucun des accusés, ni les habits servant de pièces de conviction : il ne reconnaît pas non plus les pistolets. En voici, dit-il, qui m'appartiennent; il tire deux pistolets de sa poche... (Mouvement.) Rassurez-vous, messieurs, ajoute-t-il, je ne veux tuer personne... (On rit.) Les pistolets que j'ai ramassés étaient semblables.

Le témoin continue sa déposition, qui excite à plusieurs reprises l'hilarité de l'auditoire : J'ai, dit-il, rédigé une note insérée dans *la Tribune* pour établir les faits. L'article de *la Tribune* est exact. Cependant il ne reproduit pas l'épithète de *renégat* dont je flétris l'assassin. Et cette qualification ne manquait pas d'énergie. (Rires prolongés.) Dans mon interrogatoire j'ai parlé d'une levrette noire qui suivait l'homme à écharpe. Cela est exact. Le chien noir est vrai. L'épithète de renégat est vraie. Mon enthousiasme pour le roi est vrai, car *je suis un de ses serviteurs.* Ce qui n'est pas vrai, c'est cette demoiselle, cette prétendue demoiselle qui a arrêté l'assassin par le bras. Cela n'est pas vrai.

M. Nicault, docteur en médecine, confirme les faits avancés par Rocton. Il remit lui-même la lettre de M. Rocton au rédacteur de *la Tribune.*

M. Besacier. J'ai été avec Rocton sur le Pont-Royal ; nous avons entendu le coup de pistolet. M. Rocton m'a dit qu'il avait ramassé deux pistolets. Quand le coup de pistolet a été tiré, j'étais à sept ou huit pas du lieu d'où le coup est parti. Rocton était plus près de moi. Je ne l'ai pas vu ramasser les pistolets ; je l'avais perdu de vue.

La femme Peyronnet est appelée et ne répond pas. — On lit sa déposition écrite. Elle dément les déclarations de M. Rocton, qui lui avoua, dit-elle, que tout ce qu'il avait déposé était mensonger; qu'il n'avait parlé ainsi que pour se donner du relief; qu'il se jouait de la police de Paris, plus bête que celle des départemens. (On rit.) — Rocton est rappelé.

Le Président. Qu'avez-vous à dire ?

Rocton. Cette femme est une menteuse. D'abord, elle n'est pas veuve; son mari existe *au bagne.* J'étais chez elle, malade, pendant quelque temps ; elle me présenta un mémoire d'apothicaire : je l'assignai et le juge de paix l'a condamnée; elle était furieuse, aussi elle a voulu se venger en en imposant à la justice. Je suis heureux de pouvoir dans ces débats solennels, aux yeux de la France, aux yeux de l'Europe, me justifier de cette calomnie.

Le Président. On vous a représenté une paire de pistolets, et vous avez déclaré que ce n'était pas celle que vous aviez ramassée? — R. Ce qui est certain, c'est que je les ai remis à un commissaire. D'ailleurs, monsieur, je ne suis pas capable d'en imposer. Je suis épicier, je vends dans mon pays du noir végétal, de la mélasse et autres marchandises, et je suis connu pour un honnête homme. (Hilarité générale.)

M. Armand Langlar, marchand de vin. Je connais beaucoup Bergeron ; il est trop loyal pour commettre l'acte dont on l'accuse.

Le Président. D'après votre déposition écrite auprès de M. Vincent Saint-Laurent, vous auriez entendu dire à Rocton qu'il ne s'était donné pour avoir ramassé les pistolets que pour se faire valoir dans son pays et *tourner la police* ? — R. Je n'ai rien dit de cela ; c'est complètement faux. — D. Votre signature est au bas du procès-verbal? — R. La signature est vraie, mais la déposition est entièrement fausse. — D. Prenez-garde ! votre assertion actuelle tend à incriminer d'un faux le magistrat qui a dicté votre déposition, et le greffier qui l'a écrite. Vous avez prêté serment devant lui, vous venez de le prêter devant nous; une de ces deux fois vous vous êtes parjuré. — Le témoin continue à nier avec force les faits mentionnés dans la pièce qu'on lui représente.

Le Procureur général. Que déposâtes-vous devant le commissaire de police qui vous interrogea ? — R. Que la prétendue tentative pour assassiner le roi n'était, selon moi, qu'un fait de la police; que mademoiselle Boury qui prétendait avoir arrêté le bras de l'assassin, et qui demandait pour cela 40,000 francs, n'était qu'une menteuse; que j'avais entendu dire à Rocton : Il faut faire rectifier tout cela par les journaux, afin que des innocens ne deviennent pas victimes.

Le Procureur général Persil. Et vous affirmez n'avoir pas entendu dire à Rocton qu'il avait voulu tourner la police en se donnant pour avoir ramassé les pistolets ? — R. Je l'affirme. — D. Personne ne vous a engagé à rétracter votre déposition ? — R. Personne n'en aurait le pouvoir. — D. Appartenez-vous à l'association des *Droits de l'Homme ?* (Violens murmures.) — R. Non, monsieur. — D. Où avez-vous connu Bergeron ? — R. Chez un ami commun, M. Pelvilain.

Le Président lit une déposition de laquelle il résulte que Langlar a déposé que Rocton lui a avoué que tout ce qu'il avait dit était mensonger, et qu'il avait parlé ainsi pour faire aller la police. — Langlar nie avoir fait une semblable déposition.

Le Président. Cependant cette déposition est conforme à celle de la femme Peyronnet.

Le témoin vivement. La femme Peyronnet est une coquine, une moucharde, une vile créature attachée à la police; elle est allée en Vendée pour faire arrêter la duchesse de Berry. Qu'on la fasse paraître, elle sera confondue. Au surplus, interrogez M. Benauer il vous dira la vérité.

Le Procureur général. Tout ceci est grave; *ou vous ou le magistrat instructeur avez fait un faux !* Persistez-vous ? — R. Oui, monsieur.

Le Procureur général. Le témoin se trouvant en contradiction patente avec ses précédentes dépositions, et tendant à incriminer de faux M. Vincent Saint-Laurent et son greffier, nous requérons, aux termes de l'article 330 du Code d'instruction criminelle, qu'il soit arrêté sur-

3.

le-champ pour être poursuivi comme de raison. — La cour, sans désemparer, rend un arrêt conforme aux fins du ministère public. M. Langlar est entraîné par les gendarmes. (Agitation dans l'auditoire.)

Le témoin en partant. Faites de moi ce que vous voudrez, je persiste.

M. Lepage, arquebusier. Il a été appelé pour vérifier les deux pistolets trouvés: un lui a paru avoir été récemment tiré, l'autre était encore chargé; il le débourra et y trouva deux balles et une bourre en papier écrit d'un côté en latin et de l'autre en français. Le témoin ajoute que les pistolets ont été fabriqués à Liége.

Le Président à Bergeron. Le papier qui servait de bourre contenait un thème donné à des élèves d'un collége, et vous êtes répétiteur; reconnaissez-vous cette bourre? — R. Non, monsieur. D'ailleurs les écritures des élèves de M. de Reusse ont été vérifiées, et aucune ne s'est trouvée semblable à celle de la bourre.

Le témoin déclare en outre que la balle a dû passer au moins à six pieds au-dessus de la personne sur laquelle le pistolet était dirigé.

Le Président. Comment cela se fait-il? — R. Le tonnerre du pistolet étant épais et le canon très mince, il fallait viser à l'étrier pour attraper le roi. — D. Ainsi, il n'est pas étonnant que le roi n'ait pas été atteint? — R. Il serait beaucoup plus étonnant qu'il eût été touché.

Plance, caporal au 3e de ligne. J'étais de service sur le Pont-Royal le 19. Le coup de pistolet fut tiré près de ma tête, à gauche. Je voulus me retourner; mais on me poussa, et je ne pus remarquer celui qui avait tiré le coup.

Le Président. Avez-vous remarqué les personnes qui étaient derrière vous? — R. Non pas positivement. J'ai distingué cependant une femme pâle et marquée de petite vérole. — D. Avez-vous connaissance qu'on ait ramassé un pistolet? — R. Oui, je sais qu'un pistolet a été ramassé par un sergent-de-ville.

Le Président. Témoin Rocton, approchez-vous. (Tous les regards se portent sur Rocton qui s'avance). Avez-vous vu le caporal Plance? — Non, monsieur.

Le Président à Plance. Reconnaissez-vous monsieur comme l'ayant vu à côté de vous lors de l'événement? — R. Non, monsieur.

Une discussion s'élève ici entre M. le procureur général et le sieur Rocton. M. Persil fait inutilement remarquer à ce dernier que Plance désigne une autre personne. Rocton n'en persiste pas moins à soutenir que c'est bien lui qui a ramassé le pistolet.

Hanier, fusilier au 3e régiment, rapporte, comme son caporal, les faits dont il a été témoin. Le coup a été tiré à sa droite, il a vu ramasser le pistolet, et il ne reconnaît pas le sieur Rocton.

Mademoiselle Boury (mouvement général de curiosité). Elle s'avance d'un pas léger. M. le président lui fait apporter une chaise, mais elle préfère rester debout. Tous les yeux sont fixés sur elle. Le témoin déclare se nommer Adèle Boury, demeurant à Bergues, chez la dame Moran, sa sœur, épicière; actuellement à Paris, rue Notre-Dame-des-Victoires, n. 11. Elle n'exerce aucune profession, et est âgée de 19 ans et demi.

Le Président à mademoiselle Boury. Vous étiez sur le Pont-Royal lorsqu'un coup de pistolet a été tiré sur la personne du roi?

Le témoin. Il pouvait être deux heures, je venais par la rue du Bac, le cortége allait passer, je me plaçai sur le côté gauche du pont; à côté de moi était un homme qui avait des moustaches noires, et de la barbe au menton. Il portait une redingote bleue. Il me poussa rudement et se plaça devant moi. J'étais obligée pour voir par-dessus lui de m'élever sur mes pieds. Au moment où le roi passa, on cria: A bas les chapeaux! je vis aussitôt l'homme qui avait la main gauche sous sa redingote, retirer sa main, la lever et diriger un pistolet sur le roi. Effrayée du danger que courait S. M., j'étendis vivement le bras et détournai le coup qui partit aussitôt.

D. Que fit ensuite cet homme? — R. Il se sauva à gauche. S'il fût venu de mon côté, je l'aurais certainement arrêté.—D.Que devîntes-vous après cet événement? — R. Pressée par la foule, je me trouvai mal; mais revenue à moi je me rendis au ministère de l'intérieur, encore émue de ce que je venais de voir. — D. Qu'alliez-vous faire à ce ministère? — R. (Ici le témoin raconte qu'avant l'événement elle avait été au ministère pour y postuler un bureau de poste aux lettres; mais qu'elle ne trouva que deux domestiques qui lui dirent de revenir dans une demi-heure, parce que M. Thiers était absent.) Je dus donc, ajoute mademoiselle Boury, retourner au ministère après l'événement. Là je trouvai M. Martin, secrétaire de M. Thiers: je lui rapportai les faits dont je venais d'être témoin. On me fit conduire en voiture jusqu'aux Tuileries... A la cour on m'a menée dans beaucoup d'appartemens.

Le Président. Fûtes-vous admise à parler au roi et à la reine? vîtes-vous M. le général Athalin? — R. Non, monsieur. Je vis quelques personnes du château auxquelles je racontai de nouveau le fait. Bientôt on me fit remonter en voiture, et l'on me conduisit à la Préfecture de police; mais M. Desmortiers, voulant m'interroger, me fit conduire dans son cabinet. — D. Vous venez de déclarer tout-à-l'heure que l'individu placé devant vous sur le pont et qui a tiré le coup de pistolet était brun et portait des moustaches. Regardez les accusés, le reconnaissez-vous dans l'un d'eux?—R. Je ne sais pas si l'un ou l'autre de ces messieurs portait alors des moustaches postiches, mais je ne les reconnais pas.

Benoist. Je n'en ai jamais porté.

Bergeron. Ni moi.

Le Président. Si réellement vous vous êtes trouvée sur les lieux, si vous avez saisi le bras de l'homme qui a fait feu, les deux militaires ont dû vous apercevoir, et ils ont déclaré qu'ils n'avaient remarqué qu'une femme marquée de petite-vérole. Ce signalement ne peut vous être appliqué. — R. Je ne sais pourquoi on ne me reconnaît pas: le fait est que j'étais sur les lieux, et la preuve c'est que je n'ai jamais varié dans mes dépositions.

M. le président donne ici lecture de différentes déclarations qui attestent que personne n'a remarqué mademoiselle Boury au moment de l'événement.

Mademoiselle Boury persiste néanmoins dans ses premières dépositions.

Après la déposition de mademoiselle Boury, le président demande aux accusés s'ils n'ont rien à demander au témoin.

Bergeron. Je ferai remarquer à messieurs les jurés tout ce que doit avoir d'important pour leur conviction le témoignage de mademoiselle Boury. Si la justice a pu informer sur l'événement du Pont-Royal, ce n'a été d'abord que sur les dires de ce témoin. Elle a la priorité sur tous ceux que le ministère public a appelés après elle. Jamais elle ne s'est démentie dans ses narrations. Elle a vu le coupable d'aussi près qu'on peut le voir, elle l'a touché, et pourtant elle ne reconnaît ni moi ni mon ami. Que messieurs les jurés apprécient!

Me Moulin. J'ajouterai qu'une seule personne, M. Giroux, ressemblait au portrait fait du coupable par le témoin, et que cependant on l'a relâché.

Le Procureur général. Les accusés et leurs défenseurs tirent déjà des inductions. Moi, je ne veux qu'établir des faits. Attendez les dépositions qui vont suivre, et vous verrez que, de tous ceux qui étaient auprès de l'assassin, aucun ne reconnaît cette demoiselle Boury dont nous invoquons le témoignage.

Me Joly. M. le procureur général veut établir des faits, et nous aussi nous voulons en établir. J'interrogerai donc le ministère public et lui demanderai si c'est nous qui avons appelé mademoiselle Boury, qui l'avons conduite aux Tuileries, dans les cabinets des magistrats, et qui nous sommes d'abord appuyés de son témoignage. L'échafaudage de l'accusation ne reposait, en premier lieu, que sur elle; mais quand le ministère public a vu que ce témoin s'obstinait à ne reconnaître aucun des accusés qui lui étaient présentés, on en a *débarrassé l'instruction,* selon l'expression de l'acte d'accusation. M. le procureur général parle de la suite des débats: eh bien! ces débats prouveront que mademoiselle Boury n'a cessé de dire la vérité.

Me Martin, secrétaire particulier de M. Thiers, dépose sur la narration faite par mademoiselle Boury; quand elle se présenta pour parler au ministre, après son événement, il remarqua son agitation. Qu'avez-vous, j'ai dit-il? Mon Dieu, répondit mademoiselle Boury toute tremblante, c'est qu'on vient de tirer sur le roi, et je me trouvais à côté de l'assassin. M. Martin reproduit la narration que lui fit alors mademoiselle Boury, et qui se touve conforme à la déposition précédente.

M. Demanche, capitaine de la gendarmerie de la Seine, était dans le cortége, à quarante pas derrière le roi. Il a entendu l'explosion. Son colonel lui dit de rechercher le coupable. A cet égard il ajoute: J'arrivai à la chambre lorsque la séance était terminée; je rendis compte à mon colonel de l'inutilité de mes recherches. Arrivés sur le quai d'Orsay, le colonel me dit : « Allez annoncer au ministre de la guerre et au ministre de l'intérieur que l'assassin est arrêté. »

Dupuis, témoin. Le 19 novembre, j'étais sur le Pont-Royal quand le roi passa : un coup de pistolet fut tiré; je crus qu'il avait été tiré par un individu qui se tenait à ma droite. J'ai remarqué la figure de monsieur, dit-il en indiquant Bergeron. Celui-ci était derrière deux militaires. J'ai remarqué d'autres personnes : la demoiselle Finot et M. Lefèvre qui s'est approché delà pour arrêter le coupable. Je crois que le coup n'a pas été tiré par d'autre; il était à côté de moi : deux femmes étaient derrière lui, et les soldats devant. Il s'est échappé parce que le groupe s'est ouvert , autrement je l'aurais arrêté moi-même (on rit ; Le témoin est d'une petite taille et n'a pas l'air très fort). Tout le monde criait : *Vive le roi !* et moi aussi, car je ne savais plus où j'étais , ce que je faisais. D'ailleurs, j'avais peur d'être arrêté. . d'ailleurs , je pensais que cela me serait toujours bon à quelque chose. (Rire général.)

—*Le président.* Avez-vous aperçu Mlle Boury ?—R. Non, monsieur. —Sur l'ordre du président, Mlle Boury est introduite.

Le président. Monsieur ne vous a pas vue, il était cependant près des soldats?—R. Si monsieur y était, il aurait dû me voir.

Bergeron au témoin Dupuis. Me reconnaissez-vous ?— R. Je crois reconnaître le front, le haut de la figure ; du moins il me semble que le front de Bergeron est comme celui du coupable. Je ne sais pas la couleur de sa barbe ni de ses cheveux.

Me Joly. Le témoin a-t-il remarqué si le coupable avait une raie au-dessous de l'œil?—R. Oui, monsieur, mais je n'en suis pas sûr.

Me Joly lit deux interrogatoires desquels il résulte que le sieur Dupuis a déclaré que le coupable avait *pour sûr* une cicatrice au-dessous de l'œil droit. Que peut répondre ce témoin ?

Dupuis. Mais dans des occasions comme celles-là , pour commettre un attentat, on peut se déguiser et se faire des marques sur la figure. (Murmures d'indignation dans l'auditoire.)

Bergeron. Messieurs les jurés, Dupuis a dit qu'il ne se rappelait pas la couleur de ma barbe . . . . Donc remarquez que je n'ai jamais eu de la barbe, je n'en ai pas encore. Vous apprécierez la déclaration de cet homme à sa juste valeur.

Me Moulin. Je veux fixer des faits. Le témoin dans un premier interrogatoire a dit seulement qu'il avait entendu tirer le coup de pistolet, et il se borna là. Dans un second il déclara qu'il avait vu le coupable et qu'il avait une cicatrice, mais il ne reconnaît ni l'un ni l'autre des accusés. Aujourd'hui il croit reconnaître Bergeron ! Ces variantes vous disent ce qu'est l'homme qui dépose devant vous.

Bergeron. Le témoin a dit d'abord que le coupable était grand et gros, moi je suis maigre. Il parle d'une cicatrice au-dessous de l'œil, je n'en ai point. Il lui a donné trente-cinq ans, je n'en ai que vingt-un. Remarquez que c'est la première fois qu'il croit me reconnaître. Je laisse au jury le soin d'apprécier ces observations. L'accusé se plaint ici des formes suivies à son égard lors de sa confrontation avec Dupuis. Ainsi, au lieu de se voir placer parmi toutes les personnes soupçonnées, on l'a seulement présenté au témoin avec Giroux et Lambert : Le témoin, qui avait d'abord déclaré que le coupable était maigre et pâle, a pu, ajoute Bergeron, me choisir entre Lambert et Giroux qui sont gros et ont de fortes couleurs.

Me Joly s'élève avec force contre la manière de procéder mise en usage dans l'instruction.

Demoiselle Finot. J'étais sur le pont, derrière la ligne. Un homme tira; je ne l'ai pas vu et ne puis-le reconnaître. Je me suis reculée et j'ai dit à mes compagnes : « Tiens, on a voulu tuer le roi. » La taille de l'homme qui était à côté de moi est d'environ 4 pouces 1/2 ; il était vêtu d'une redingote verte plus foncée que celle que vous me représentez. Le coup a été tiré entre deux soldats de la ligne. Les personnes qui étaient auprès de moi sont madame Martin et M. Lefebvre. Je n'ai pas vu Mlle Boury. L'homme que j'ai vu ne paraissait pas gras.

Le témoin n'a pas autre chose à dire. M. le président lit alors sa longue déposition écrite, toute contraire à sa déposition orale, et puis lui demande si c'est la vérité. Le témoin répond faiblement *oui*, et répond *oui* toutes les fois que le président lui adresse une question tirée des faits contenus dans sa déposition.

M. Sentin. J'étais sur le Pont-Royal, auprès de la première lanterne : deux jeunes gens étaient devant moi, l'un au teint basané, sans barbe, pâle, vêtu d'une redingote olivâtre, boutonnée jusqu'au col; l'autre avait beaucoup de barbe. La redingote que vous me représentez n'est pas celle que portait le coupable, elle était verte.

Le Président. Regardez les accusés.—R. J'ai bien vu le coupable et celui qui était à côté de lui..., je suis sûr que ce ne sont pas les accusés.—D. Le coupable avait-il une cravate?—R. Non.

Me Moulin relève, relativement à ce témoignage, des erreurs de l'acte d'accusation. Il déclare qu'il ne veut relever qu'un fait inexact.

Le Président ordonne brutalement à l'avocat de se taire, comme s'il n'avait pas le droit de démontrer l'inexactitude des faits consignés dans l'acte d'accusation.

Le Procureur général fait observer que ses intentions sont bonnes et ne tendent qu'à découvrir la vérité.

Me Joly répond qu'il n'incrimine pas les intentions du ministère public, dont il reconnaît le but, *celui de trouver un coupable*, mais que la défense a des droits aussi bien que des devoirs à remplir, et qu'elle les remplira.

La femme Martin, cuisinière. J'ai vu tirer le coup de pistolet par un homme qui avait des favoris noirs et portait une redingote bleue. Il pourrait être âgé de vingt-cinq à trente ans. — D. Avait-il une cicatrice à la figure ?—R. Je n'ai pas remarqué. Sa redingote était usée et avait été raccommodée à l'endroit de l'estomac avec du gros fil. —D. Comment s'y est-il pris pour commettre l'attentat?—R. Je lui ai vu descendre le bras.—D. Avez-vous distingué le pistolet?—R. Oui, monsieur. Il l'a laissé tomber ensuite par terre; c'est un militaire qui l'a ramassé.—D. Cet homme est-il l'un des accusés? Regardez-les. — R. Envisageant les accusés et montrant Benoist : C'est-celui-là.—D. A-t-il crié vive le roi!—R. Oui, très fort.

Ce témoin ajoute qu'elle a remarqué non loin d'elle la demoiselle Finot et la veuve Sentin, mais qu'elle ne connaît pas la demoiselle Boury.

La femme Martin, cuisinière chez M. Taboureau, conseiller-d'état, se trouvait à côté de l'individu qui a tiré le coup de pistolet. Elle l'a bien vu, et lui trouve de la ressemblance avec Benoist.

Le témoin Dupuis est rappelé sur la demande de M⁰ Joly. Un seul coup, dit l'avocat, a été tiré par un seul individu dont la physionomie approche de celle de Bergeron, selon Dupuis; et de Benoist, d'après la femme Martin. Comment accorder d'aussi frappantes disparates?

Le Président à Dupuis. A quoi croyez-vous reconnaître Bergeron?—R. A l'air de la figure.—D. A la femme Martin. A quoi pensez-vous reconnaître Benoist?—Au nez et à la bouche. (On rit.)

M⁰ Joly donne lecture d'une précédente déposition de la femme Martin, dans laquelle l'assassin fut dépeint comme porteur de larges favoris roux et de moustaches, vêtu d'une redingote brune râpée, raccommodée sur le devant avec du gros fil, et ayant sur la tête un bonnet grec ou une casquette; elle reconnut positivement cet individu dans l'accusé Giroux.

Dans une seconde confrontation, on mit à Giroux des favoris et des moustaches postiches de la couleur de ses cheveux : alors le témoin ne le reconnut plus; elle dit seulement que c'était quelqu'un qui lui ressemblait. Giroux fut relâché. (Sensation.)

M. le président lit plusieurs procès-verbaux où ces faits sont consignés, après quoi les défenseurs demandent communication du procès-verbal de confrontation entre la femme Martin et Benoist.

Le Procureur général. Il n'y a pas eu de confrontation.

Benoist. Pardon, j'ai été confronté deux fois avec cette femme.

M⁰ Moulin. Donc le procès-verbal doit exister.

Le Président. Je ne l'ai pas.

Mₑ Moulin. Il existe cependant.

Le Procureur général. On vous en a donné copie.

M⁰ Moulin. Non, monsieur, et cela est étonnant. La femme Martin dit aujourd'hui pour la première fois reconnaître Benoist à son nez et à sa bouche. Dans ses premières dépositions elle avait signalé Giroux. La larme à l'œil elle dit : «C'est lui, je le jure.» Je demande que M. Giroux soit confronté immédiatement avec la femme Martin.

Le Président. Giroux ne sera entendu qu'à son tour. Nous ne pouvons pas intervertir l'ordre fixé pour l'accusation.

M⁰ Moulin. Je rappellerai à M. le président qu'au moment de l'audition de Mlle Boury il a lu les dépositions de plusieurs témoins qui n'avaient pas encore fait leur déposition orale, *sans craindre de compromettre l'ordre des débats.*

Le Président. Giroux ne peut pas être entendu.

M⁰ Moulin s'assied et dit : MM. les jurés s'en souviendront.

On représente à la femme Martin la redingote bleue et les divers morceaux de redingote brune qui se trouvent sur la table; elle affirme que leur couleur ne ressemble nullement à celle du vêtement du coupable.

Un jeune homme fait une déposition semblable à celle de Mlle Boury.

M⁰ Moulin signale cette circonstance : Le jeune homme, dit-il, a vu le bras d'une femme qui, soit par frayeur, soit pour prévenir le coup de l'assassin, l'a détourné...

Le Président avec humeur. Il y avait trois femmes derrière , et aucune d'elles n'a détourné le coup.

Cinq ou six témoins sont encore entendus. Tous se sont trouvés sur le Pont-Royal au moment de l'attentat; tous ont plus ou moins vu celui qui a tiré le coup, mais aucun d'eux ne le reconnaît dans les accusés.

La déposition de Vieussens, dragon, donne lieu à un long débat entre le ministère public et les défenseurs. Vieussens est celui qui, dans la loge du portier de M. de Reusse, a entendu Bergeron se vanter, en montrant des pistolets, qu'il s'était battu dans les journées de juin , et qu'il se battrait encore ; qu'il était républicain et qu'il se plaignait des ministres. Vieussens avait aussitôt rapporté ces propos à ses chefs.

Bergeron. J'ai dit que je m'étais battu les 5 et 6 juin, c'est possible. J'ai dit que je me battrais encore, c'est possible. Eh bien! si nous nous battons encore, et si encore une fois nous sommes vaincus, qu'on me prenne les armes à la main sur le champ de bataille et qu'on me tue, on usera de son droit. J'ai dit que j'avais des pistolets, c'est possible. Mais je ne me suis pas plaint des ministres; car pour nous , républicains, les plus mauvais sont les meilleurs (des bravos se font entendre dans l'auditoire). Mais cet homme a joué à mon égard le rôle d'agent provocateur, de mouton de police. Le témoin sollicitait son admission dans la garde municipale; après avoir subi son interrogatoire , il dit aux autres témoins : Je vais à la Préfecture de Police voir si je suis nommé; c'est aujourd'hui le jour, ou jamais ! ·

Le témoin avec vivacité. Certainement , je l'espère bien. (Murmures.)

Le Procureur général. Bergeron nie-t-il avoir dit au témoin qu'il s'était battu les 5 et 6 juin ?

Bergeron. Je ne nie ni n'avoue.

Me Joly. Messieurs, vous apprécierez la demande du ministère public ! Voudrait-on bâtir sur ce fait une nouvelle et troisième ou quatrième accusation ? voudrait-on renouveler les funérailles du Cloître Saint-Méry ? La patrie réclame du repos, elle a besoin de guérir de profondes blessures; elle déplore un trop grand nombre de victimes, elle désavoue les pourvoyeurs d'échafauds et de bagnes. J'admire la sagesse des réponses de mon client qui sait éviter un piège tendu par un homme qui obéit évidemment à une influence étrangère, qui est poussé par une main invisible.

Le Procureur général prend la défense de Vieussens. Il dit que ce brave et loyal militaire connaissant les opinions républicaines de Bergeron, et ses projets hostiles contre le gouvernement, a bien fait de chercher à connaître ses véritables intentions et de les dénoncer à ses chefs; que c'est ainsi que doit agir tout soldat qui comprend ses devoirs. (Murmures prolongés dans l'auditoire.)

Me Joly répond que le rôle misérable que joue le témoin est indigne d'un soldat français qui doit savoir combattre et mourir sous le drapeau de la patrie, mais qui doit repousser avec horreur, avec mépris, le métier infâme d'espion ou d'agent provocateur. Plus tard, dit-il, je prouverai qu'une main ténébreuse invisible, la même main qui a conduit la machiavélique machination du Pont-Royal, a poussé ce malheureux au déshonneur. C'est le point le plus essentiel de ma défense. Je prouverai qu'il n'y a pas eu d'attentat réel, par conséquent ni auteur ni complice, là où il n'y a pas d'action.

AUDIENCE DU 13.

Le public se presse dans l'enceinte et à l'extérieur de la cour d'assises.

Sur la demande du procureur général, le président, en vertu de son pouvoir discrétionnaire, ordonne que M. Chatry de La Fosse soit entendu sur le rapport fait par le dragon Vieussens.

M. Nay (Jules-Ernest), chef du cabinet particulier du préfet de police, rue Royale-Saint-Honoré, n. 20, dépose que deux individus se sont présentés dans son cabinet, le 14 novembre, et lui ont dit que Bergeron, Billard et Giroux avaient tramé un complot contre la vie du roi, qu'ils devaient assassiner le 19. Ces deux individus sont les nommés Collet et Cantineau. Je leur demandai des explications. Ils me dirent alors que pour commettre ce crime on avait choisi un instrument facile à cacher, un petit fusil que l'on trouverait chez Billard. M. le préfet, à qui je transmis ces explications, ordonna aussitôt des perquisitions au domicile de Billard, rue du Cherche-Midi, n. 22. Le fusil y fut en effet trouvé derrière des boîtes à thé.

Bergeron. Montrez ce fusil à MM. les jurés, ils verront s'il est dangereux. La police savait donc que le 19 novembre je devais attenter à la personne du roi. Or, ce jour-là, on m'a laissé circuler librement dans toutes les rues où mes affaires m'appelaient, et je n'ai pas été arrêté! Cependant les mandats d'amener étaient faits d'avance; on en exécutait un à 3 heures et demie chez Giroux. De deux choses l'une : ou je suis innocent, ou la police est complice de mes actes. Je dois donc être étonné que les hommes qui ont été avertis plusieurs jours avant l'événement, et qui n'ont pris aucune mesure pour l'empêcher, ne soient pas mis à ma place ou à côté de moi, à la requête des courtisans ou des agens de Louis-Philippe. (Mouvement d'approbation.)

Me Joly. Avant cette époque, Collet et Cantineau ne sont-ils pas allés à la Préfecture de Police pour dénoncer la *Société des Droits de l'Homme*, et ne se sont-ils pas présentés sous de faux noms?

M. Nay. C'est vrai : ils vinrent sous les faux noms de Perrot et Février. Les agens de police ont l'habitude de se donner des noms de guerre. (On rit.)

Me Joly. Ces individus n'ont-ils pas demandé pour leur sûreté personnelle d'être arrêtés?—R. Oui, monsieur, et ils l'ont été.

Ici M. le président fait représenter à Bergeron le fusil saisi chez Billard. L'accusé déclare le reconnaître parfaitement.

On fait ensuite passer ce fusil à MM. les jurés, qui l'examinent en souriant. C'est un petit fusil semblable à ceux que l'on vend chez les marchands de jouets d'enfans.

Le Président. Bergeron, expliquez-nous comment ce fusil s'est trouvé en possession de Billard?

Bergeron souriant à son tour. Ce fusil appartient à un de mes élèves, le jeune Dufresnoy. Un jour de répétition, mon élève me montra ce joujou en me disant qu'il ne partait pas, qu'il voudrait bien le faire réparer. Comme j'étais content de lui, je me chargeai de ce soin et j'emportai le petit fusil. Mais ne voulant pas paraître dans la pension de M. de Reusse avec une arme qui, quoique peu dangereuse, pouvait distraire les élèves de leurs occupations, je la deposai en passant chez Billard, en lui promettant de la reprendre, mais je l'oubliai.—D. Aviez-vous recommandé à Billard de cacher le fusil? — R. Mon Dieu! non.—D. Comment la police a-t-elle été instruite de l'endroit où ce fusil était caché?—R. J'avais recommandé de le serrer.—D. Enfin, de ne pas le mettre en évidence?—R. On ne met pas des fusils en montre chez un épicier. (On rit.)

Me Joly. Pourquoi Cantineau et Collet ont-ils été mis en prison? *M. Nay.* Je ne puis le dire.

Me Joly. C'est pour faire croire à leur bonne foi, pour qu'on ne se défiât pas de leur sincérité à l'avenir; pour qu'on pût encore les lancer dans les sociétés patriotiques, et conserver des espions d'autant plus dangereux qu'ils inspireraient plus de confiance après leur pretendue captivité! dégoûtante hypocrisie! Pourquoi la police ne s'est-elle pas assurée de la personne de Bergeron et de Giroux avant l'attentat?

M. Nay. On n'a pas dû procéder à l'arrestation de toutes les personnes denoncées; c'eût été troubler l'ordre.

Me Joly. La police a bien peur de troubler l'ordre! quelle ironie! N'a t-on pas arrêté une foule de personnes le 14, le 15, le 16, avant, pendant et après l'événement du Pont-Royal? Et toutes ces visites domiciliaires, dans tous les quartiers de Paris! Billard lui-même a été arrêté sur la dénonciation de Collet et Cantineau, tandis que Bergeron n'a été mandé et arrêté que le 24, quoique l'on sût bien où il était!

Bergeron. Messieurs, pendant quatre semaines j'ai été conduit, presque tous les jours, devant le juge d'instruction; M. Lefèvre annonçait à mes amis que j'allais être rendu à la liberté.... on espérait réunir quelques preuves contre Giroux.... on s'est trompé: alors on a fait un amalgame de dépositions, de manière à envelopper mon ami Benoist dans le complot; et aujourd'hui que Giroux est relâché, entre nous deux on vous propose de choisir *le meilleur.*

Me Joly insiste de nouveau. On a pu, dit-il, ajouter peu de foi à des agens de police, et se refuser à l'arrestation de Giroux et de Bergeron; mais quand leur déclaration a pris un caractère de certitude le 19, pourquoi, je le répète, n'a-t-on arrêté Bergeron que le 24? Le temoin ne répond pas.

Me Moulin. Le témoin peut-il déclarer quel a été le mobile de la dénonciation de Collet et de Cantineau.—R. L'intérêt du gouvernement.

Me *Moulin*. M. Dufresne, commissaire de police, actuellement à Blaye, a déclaré lui, dans un document, que ces individus avaient manifesté le désir d'être récompensés pécuniairement pour leur dénonciation.

Ici un léger incident s'élève et se termine par la lecture du document de M. Dufresne, qui confirme le dire de M. Moulin.

Me *Joly*. Cantineau et Collet étaient-ils employés à la police avant leur dénonciation ?

Le Procureur général. Du tout.

Me *Joly*. Ils sont allés comme agens de police, avec leurs *noms de guerre* Perrot et Février. Ils voulaient alors gagner leurs éperons. Interrogez M. Nay. (On rit.)

M. Nay. Effectivement ils se sont dits agens de police, et se sont fait connaître par les signes qu'emploient avec nous les agens de police. (Murmures.)

Après une suspension d'un quart-d'heure, le témoin Collet est introduit (murmures); il se dit âgé de 24 ans, ayant pour prénoms Joseph-Louis.

Je connaissais, Bergeron depuis quelque temps, dépose le témoin, et je fesais partie de la *Société des Droits de l'Homme*. Plusieurs fois j'avais entendu parler de complots ayant pour but d'attenter à la personne royale. Mais un jour surtout que j'étais allé tirer le pistolet avec Billard, Bergeron et Giroux, au bas du pont d'Iéna je leur entendis dire que le jour de l'ouverture des chambres on tâcherait de tuer le roi d'un coup de fusil ou d'un coup de pistolet, soit en se mettant à une fenêtre du quai Voltaire, soit en se mêlant à la foule. L'homme qui devait tirer n'était pas désigné. Je feignis d'entrer dans leurs vues.

Le Président. Avez-vous eu connaissance du petit fusil déposé chez Billard?—R. Oui, monsieur.—D. Dans votre interrogatoire du 12 décembre, vous l'aviez pourtant caché?—Le témoin ne répond pas.— Le président donne lecture au témoin de ses précédentes déclarations, et lui adresse les questions suivantes :

D. Avez-vous vu dans une section des *Droits de l'Homme*, qui s'assemblait au coin de la rue Mercière, distribuer des cartouches aux assistans ?—R. Oui, mais je ne me rappelle pas qui a fait la distribution. D.—Bergeron n'a-t-il pas un jour apporté des pistolets?—R. Oui, c'étaient les mêmes avec lesquels nous avions tiré au pont d'Iéna.— D. Sont-ce les pistolets que vous voyez là sur la table ? — R. Non, monsieur. Les pistolets de M. Bergeron sont aussi petits que ceux-là, mais la culasse est beaucoup plus usée que celle des pistolets que vous me représentez.

D. A quel usage était destiné ce fusil déposé chez Billard?—R. Billard m'a dit qu'il lui avait été laissé pour le faire raccommoder.— D. Cantineau ne vous a-t-il pas rapporté, d'après le nommé Planel, que celui qui avait tiré le coup de pistolet le 19 novembre avait donné à mademoiselle Boury un coup de coude qui l'avait jetée à terre, et que le pistolet était tellement chargé que la main du coupable a dû être fortement blessée? .—R. Oui, monsieur.

Interrogé s'il n'a pas entendu dire à Bergeron que le roi méritait d'être fusillé, le témoin répond encore affirmativement.

Le Président. Pourquoi avez-vous, dans une lettre écrite par vous à *la Tribune*, rétracté les déclarations faites par vous précédemment sur le complot du 19 novembre ?—R. J'ai été contraint à cet acte par mes co-détenus de Ste-Pélagie.

Le Président. Bergeron, qu'avez-vous à répondre?—R. Pour le moment, je me tais.

Me Joly. Je demande la lecture de la lettre dans laquelle Collet a écrit à *la Tribune* pour rétracter ses dépositions; elle est au dossier : M. Marast, rédacteur en chef de *la Tribune* l'a remise à M. Lefebvre. —La cour se rend à l'insistance du défenseur de Bergeron, et lecture de la lettre est donnée aussitôt.

Le Président. Collet, qu'avez-vous à dire?—R. Je vous répète que tout cela m'a été suggéré.

Me Joly. Je demanderai au sieur Collet s'il a écrit et signé de sa main la lettre que je lui présente?—R. Oui, monsieur.

Me Joly. Messieurs, cette lettre que le témoin avoue avoir écrite et signée de sa main, est mot pour mot semblable à celle qu'a publiée *la Tribune.* (Mouvement.)

Le Président. Collet, reconnaissez-vous bien votre écriture? — R. Oui, monsieur, c'est mon premier brouillon. (Marques d'indignation.)

Me Joly. Messieurs les jurés, vous apprécierez s'il est possible de contraindre un homme à signer une lettre lorsqu'il ne le veut pas, et si on a eu besoin de contraindre à signer une lettre l'homme qui a déjà rédigé, écrit et signé lui-même de sa propre impulsion la même lettre.—Le témoin Collet reste confondu.

Le Président. Cependant Bergeron a avoué une partie des faits rapportés par le témoin.—(A Bergeron.) Vous avez avoué dans l'instruction écrite que la distribution des cartouches était de votre fait.

Bergeron. M. le président, je suis chef de section des *Droits de l'Homme ;* sous ce rapport, je pourrais avoir distribué des cartouches. Je pourrais en avoir fait l'aveu, sans attirer sur moi une grave responsabilité. Ces faits ne constituent qu'une très petite peccadille, en comparaison de l'accusation grave sous le poids de laquelle je me voyais placé. Je ne crois pas avoir dit que le roi méritait d'être fusillé, quoique je puisse le penser. Il n'est pas dans mon caractère de faire des fanfaronnades. Au surplus, messieurs les jurés, on m'a fait subir vingt interrogatoires. On me demandait toujours : Avez-vous dit que le roi méritait d'être fusillé?.. Je répondais toujours: Non. Enfin, importuné de cette question que l'on renouvelait sans cesse, je dus m'en débarrasser, et répondis à M. Lefebvre : Eh bien ! mettez que je le pense. Plus tard, je fis observer à M. Lefebvre que je désavouais ces propos échappés à ma franchise outrée; il ne jugea pas à propos de consigner mon désaveu immédiat. Nous autres républicains, nous ne pensons pas en effet que le roi soit un ennemi assez puissant pour prendre la peine de le massacrer; dans le cas où nous serions les maîtres, nous lui dirions : Va-t'en, avec tous tes trésors, rejoindre en pays étranger le reste de ta famille. (Longue agitation.)

Les sergens-de-ville. Silence', messieurs!

M⁐ *Joly.* Le témoin Collet a déclaré dans un des interrogatoires qu'il avait fait lui-même le brouillon de cette lettre, et qu'étant ma-lade il avait prié un de ses camarades de la copier pour l'envoyer au journal *la Tribune ;* et cela sans contrainte de la part de qui que ce soit.

Le Président. La lettre que vous représentez, et qui est reconnue par Collet comme écrite et signée de sa propre main, n'est pas un brouillon, c'est une copie.

M⁐ *Joly.* Brouillon, copie, rétractation, retour à lui-même, donnez à cette lettre la qualification qu'il vous conviendra; ce qu'il m'importe de constater, c'est que, dans son interrogatoire écrit, il a déclaré que c'était lui-même qui avait rédigé, écrit et signé sans contrainte, et qu'aujourd'hui il déclare qu'il a été contraint. Vous êtes convaincu que le témoin en impose: il avoue avoir menti devant le juge d'instruc-tion; quelle garantie vous offre-t-il quand il ajoute devant vous : Je dis *la vérité?*

Le témoin se retire. — Une voix partie des bancs du barreau: Canaille! .

Collet. Monsieur le président, on m'insulte! (Longs éclats de rire.)

M. Chatry. de La Fosse, colonel d'état-major et député du Calvados, appelé en vertu du pouvoir discrétionnaire, dépose que l'été dernier le soldat Vieussens vint lui faire un rapport sur les propos violens te-nus contre le gouvernement, chez le portier du pensionnat de Reusse, par le professeur Bergeron.

Cantineau déclare, commé son camarade Collet, qu'il a dénoncé à M. Nay un complot ayant pour but d'assassiner le roi. C'est Collet qui lui a procuré la connaissance des nommés Billard, Giroux et Bergeron, comme auteurs de ce complot. Billard lui a montré le fusil qui, a-t-il dit, était facile à cacher sous une redingote.

Bergeron. Il sera prouvé que ce témoin a joué un rôle d'agent pro-vocateur en excitant plusieurs jeunes gens à assassiner le roi.

Le témoin *Cantineau* déclare que c'était avec beaucoup d'inquiétude qu'il avait déposé précédemment et qu'il dépose encore; que des me-naces lui avaient été faites; et que lundi dernier, au moment où il en-trait dans la salle d'audience, les nommés Giroux et Milon lui avaient dit qu'il ne sortirait pas de la salle sans être assassiné. Il suppose que ces menaces lui ont été faites à cause de sa précédente déposition et de celle qu'il était appelé à faire. Giroux a ajouté que lui, Cantineau, était un brigand, un infame, et qu'il passerait par ses mains.

Le Procureur général. Rassurez-vous, témoin, la justice vous pro-tége ; soyez tranquille: dites la vérité, nous ferons le reste.

Cantineau. M. Jauzen a entendu cela. Des sergens-de arrêter Milon.

Le Procureur général se lève vivement et demande que cette décla-ration soit inscrite au procès-verbal d'audience, à l'effet de se réserver de poursuivre ultérieurement les nommés Milon et Giroux.

Le Président dicte lui-même au greffier cette déclaration de Canti-neau.

Billard, garçon épicier, rue du Cherche-Midi, n. 22. Que me voulez-vous ?

Le Président. Vous étiez chef de section dans la *Société des Droits de l'Homme* ; Bergeron faisait partie de votre section ?—R. Oui, et puis... — D. A-t-on fait des distributions de cartouches dans votre *Société*? — R. Non. — D. A-t-on montré des pistolets qui devaient servir à assassiner le roi? — R. Non.

On interroge le témoin sur le fait du fusil saisi chez lui. Ce fusil, que lui a confié Bergeron, il ne l'a jamais caché ; et il prouvera que pendant trois jours il est si bien resté en évidence, qu'un enfant l'a tenu plus d'une fois entre les mains. Le témoin nie ensuite avec force les propos dénoncés par Collet et Cantineau. Il n'a pas non plus invité Collet à se rétracter. Collet rappelé persiste à soutenir qu'il a été forcé de se rétracter.

Billard. Messieurs les jurés, quand vous connaîtrez les antécédens de Collet, vous verrez qui de lui ou de moi est le plus croyable. Je puis produire des témoins devant lesquels Collet a écrit sa rétractation. Ils attesteront qu'il n'a pas été contraint.

Collet cite le témoin Dupont à l'appui de son assertion.

Billard cite Levayer, Stouvenel, Victor Bazière, chansonniers républicains. — Le président ordonne qu'ils seront entendus.

Me Moulin demande que l'on fasse une question au témoin Billard, celle de savoir s'il a conservé long-temps entre ses mains ce fusil d'enfant. Billard sait-il que ce fusil soit resté en évidence sur le comptoir de son magasin, et que M. Lacroix, pour le soustraire à un enfant du voisinage qui venait s'en amuser, lui ait dit de le placer derrière les caisses où on l'a saisi.

Le Président. Madame Lacroix est assignée. Votre question est inutile.

Me Moulin. Non, monsieur, au lieu d'une déposition, il y en aura deux. J'insiste pour que ma question soit faite au témoin Billard.

Le Président. On fera la question à la femme Lacroix.

Me Moulin. J'insiste.

Le Président. Je ne le veux pas. (Oh! oh!)

Me Moulin. J'en demande acte. (Acte est donné du refus, et l'audience est suspendue.)

Le Président donne ensuite lecture d'un rapport qui lui est parvenu. Il en résulte que plusieurs étrangers au barreau se sont introduits sous la robe d'avocat : Ainsi j'invite les avocats à faire justice eux-mêmes de l'individu qui a déshonoré la robe en insultant un avocat. (Silence et immobilité parmi les avocats.)

M. Trognon, référendaire à la cour des comptes. Le 19 novembre, à sept heures du soir, Bouarme m'apprit qu'un répétiteur de la maison de Reusse, et rédacteur en même temps de *la Tribune*, avait remis le matin à un jeune élève nommé Combarel une montre et une reconnaissance du Mont-de-Piété, lui disant qu'il déposait ces objets dans la crainte d'être arrêté ou tué. Ce répétiteur était M. Bergeron.

La cour entend successivement les témoins Bouerme et Emile Combarel, qu'elle fait confronter avec le sieur Trognon. Il résulte que tout ce que ces trois témoins se sont transmis mutuellement a été plus ou moins le fruit de leur imagination.

Me Joly. D'où il résulte que tout le monde a trop bavardé.

Madame Dufrénoy, née Desnoutes, est appelée.

Le Président lit sa déposition écrite et lui demande si c'est la vérité. — R. Oui, Monsieur.

Le Président. Avocats, avez-vous quelque observation à faire?

Me Joly. Avant de faire aucune observation, je dois protester, dans l'intérêt de la défense, contre la manière inouïe dont les débats sont dirigés... Je ne conteste pas au président le droit de lire aux témoins les dépositions écrites pour les rappeler à la vérité s'ils s'en écartent, mais il ne le peut qu'après que le témoin a déjà déposé et dit ce qu'il sait ou ce qu'il prétend savoir. Mais M. le président commence par lire au témoin sa déposition écrite avant d'entendre sa déposition orale. Autant vaudrait ne pas entendre les témoins en audience publique et juger sur les pièces de l'instruction. Ce genre de procéder est inouï et heurte toutes mes idées sur la justice. En conséquence je crois de mon devoir de protester formellement contre la direction des débats. Messieurs les jurés, vous apprécierez cette conduite.

Le Président Duboys. Je dois répondre que le président a la plus grande latitude; que son pouvoir discrétionnaire lui permet tout ce qu'il a fait, et qu'il continuera de même. (Murmures prolongés.)

Rocton demande gravement la parole.

« Messieurs les jurés, dit-il, la fatigue du voyage, ma convalescence, etc., je ne vous parlerai pas de ça..., mais d'une autre chose... (On rit.) M. le procureur général a dit dans son réquisitoire: Rocton est venu à Paris, il n'a pas su dire pourquoi? Attendez.... Pourquoi? Messieurs, on vient à Paris d'abord pour voir les monumens... (Rires.) Il faut au moins trois semaines... mais je suis tombé malade, et vous sentez que la maladie, les médicamens et les médecins m'ont beaucoup fatigué. Quelque temps après le 19 novembre, je rencontrai M. Marut de Lombre, qui me dit: C'est bien vous M. Rocton? — Il n'y a pas de doute, lui répondis je, je suis Rocton, toujours Rocton. — Me reconnaissez-vous? — Non, monsieur. — C'est à moi cependant que vous avez remis le pistolet. — Allons, vous plaisantez. — Le lendemain je le rencontrai encore. — C'est vous, me dit-il. — Oui, monsieur, moi-même, votre très-humble serviteur. — Venez avec moi chez M. Gisquet. — Marchons, lui dis-je aussitôt. « C'est donc vous, me dit le préfet de police, qui prétendez avoir ramassé les pistolets? Il faut que vous vous rétractiez, ou je vous fais mettre en prison. » Moi, avec fermeté: « Monsieur, faites-moi fusiller, massacrer, guillotiner, tout ce que vous voudrez; j'ai dit la vérité; devant l'échafaud, je ne me rétracterai pas. Parler ainsi à un vieux militaire, qui a été 9 ans sous-officier de cavalerie! Je ne suis pas grand, mais dans la petitesse il y a de la bravoure. » (Rires prolongés.)

Que je suis malheureux de n'avoir pas satisfaction de cette menace; je suis homme d'honneur! Et puis on s'est joué de moi. (*Une voix.* Pas possible!) J'ai parlé d'un petit officier blond à petites moustaches, et on me confronte avec un grand diable qui a de larges favoris noirs. J'ai parlé d'un militaire, et on s'est amusé à me faire voir un garde national! (Hilarité.) Ce n'étaient pas mes hommes, comme vous pensez. Je ne pouvais dire blanc quand c'était noir. Voilà ce que la vérité m'imposait le devoir de vous signaler. (Des bravos mêlés d'éclats de rire se font entendre.)

Rocton se retire en saluant militairement tout le monde avec un air affectueux; il adresse un sourire aux journalistes qui lui rendent gaîment ses civilités.

Janety, soldat. (Ce témoin, malgré sa profession, est vêtu en habit noir très fin; il se pose sur la hanche, et son accent est celui d'un fashionable.) — J'avais reçu, dit-il, de Planel, l'invitation de me rendre le 19 au Palais-Royal. Il devait s'y trouver avec Bergeron, que je connais depuis long-temps, et dont je suis camarade de collége. J'oubliai ce rendez-vous. En traversant le Pont-Royal, je rencontrai Planel. Ce dernier me dit qu'il quittait Bergeron, accompagné d'un individu; que Bergeron était furieux et lui avait manifesté l'intention de tirer un coup de pistolet au roi. (Mouvement.) Nous quittâmes, Planel et moi, le Pont-Royal; mais nous y revînmes bientôt, lorsque nous entendîmes un coup de feu, pour chercher Bergeron. Nous traversâmes le pont et nous nous dirigeâmes par le quai Malaquais. Nous rencontrâmes un nommé Delaunay, qui nous raconta l'événement. Il y avait vu, disait-il, ramasser le pistolet. Nous continuâmes notre route par le Pont-Neuf. Planel aborda un individu, que j'ai su depuis être Benoist, et celui qui était avec Bergeron sur le Pont-Royal.

Il demanda à Benoist des nouvelles de Bergeron. Benoist lui apprit que Bergeron avait tiré un coup de pistolet sur le roi, mais qu'il n'était pas arrêté. Inquiets du sort de Bergeron, nous nous rendîmes chez mademoiselle Lucas, rue du Dragon. Elle nous dit qu'il n'y avait pas de danger, que Bergeron était bien déguisé.

Le témoin ajoute que mademoiselle Lucas a parlé d'une redingote qu'on avait fait écourter chez le tailleur, et d'un faux alibi qu'on devait établir pour dérouter la police.

Le Président. On vous demande une rétractation. — R. Oui, on m'a fait remettre un modèle de rétraction.

Le Président donne lecture de cette rétractation. Et s'adressant à Bergeron : Vous avez entendu la déposition de Janety, qu'avez-vous à répondre ?

Bergeron. Rien, je veux rester calme.... (Très bien !).

Le président, à Benoist. Et vous Benoist, qu'avez-vous à répondre?

Benoist Il est impossible et absurde de croire que j'aie pu faire une pareille confidence à Janety, que d'ailleurs je n'ai jamais vu, que je n'ai pas rencontré sur le Pont-Neuf, puisque je suis passé par le pont des Arts pour rentrer chez moi.

L'audience est levée. Collet et Cantineau se retirent de compagnie avec les sergens de ville. Quelques minutes après, on les voit se divertir dans la cour de la Préfecture de police avec des agens, *quoi-qu'ils ne soient pas agens eux-mêmes* s'il faut les croire.

AUDIENCE DU 14.

Le bruit de l'arrestation des témoins Milon et Giroux se confirme.

M⁰ *Moulin.* Avant de passer à l'audition des témoins, je prierai M. le président de vouloir bien rappeler Janety. — Janety est rappelé.

M⁰ *Moulin.* M. le président voudrait-il demander à Janety pourquoi il a cessé d'habiter chez sa grand'mère; pourquoi il ne voit plus sa sœur et son oncle.

Janety. Si je ne loge plus chez ma grand'mère, c'est qu'il n'y avait pas assez de place chez elle; quant à ma sœur et à mon oncle, je vois encore quelquefois la première, et je prends mes repas chez le dernier.

M⁰ Moulin demande encore au témoin comment il se fait qu'il ait quitté successivement cinq maisons où il était placé?

Janety explique les raisons qui ont nécessité sa sortie de ces différentes maisons. Ainsi il a quitté la maison de M. Liotard, parce qu'on voulait le forcer d'aller à la messe; et en dernier, une autre maison, parce qu'il ne sympathisait pas de caractère avec celui qui en était le chef.

M⁰ *Moulin.* On entendra cette personne sur le caractère de Janety. (A Janety.) Est-il vrai que vous vous soyez vanté d'avoir accompagné celui qui a tiré le coup de pistolet?

Janety. Oui, cela est vrai. Comme on avait eu la maladresse de parler de ce fait devant ma sœur, j'ai voulu, pour éviter une indiscrétion de sa part, lui donner à entendre qu'elle pourrait compromettre un frère.

M⁰ *Moulin.* Janety a déclaré hier qu'il n'avait jamais vu Benoist avant le 19, comment peut-on concevoir que ce dernier ait fait en sa présence une confidence aussi grave que celle dont il a été rendu compte. Je demande que le témoin s'explique.

Le Procureur général. Vous sortez de la manière usitée dans des débats. On ne procède pas par des raisonnemens, mais on interroge sur des faits.

M. *Moulin.* Il y a deux faits qui sont ceux-ci: Janety ne connaissait pas Benoist et il aurait reçu la confidence de Benoist. Mais laissons cela. Le témoin n'a-t-il pas déclaré d'abord qu'il n'avait dénoncé les faits à sa connaissance que dans la crainte de compromettre lui et son frère.

Janety. Il n'en est pas ainsi. Appelé devant le juge d'instruction, après mon frère, je ne savais pas ce qu'il avait déclaré; je l'avais vu sortir ému et troublé, j'ai cru qu'il avait tout avoué. Alors j'ai craint de lui susciter une accusation de faux témoignage, et j'ai dit la vérité.

Me *Moulin.* On a été demander Janety chez madame Édouard, pourquoi a-t-on répondu qu'il n'y était pas, qu'il était allé chez le ministre ?

Janety. Je devais partir pour rejoindre mon régiment. Ma famille voulait avancer mon départ de deux jours; mais moi, qui ai montré toujours beaucoup d'éloignement pour l'état militaire, qui me suis engagé par nécessité, désirant rester à Paris jusqu'au jour qui m'était fixé, je me cachai.

M° *Joly.* Le témoin a parlé d'un projet de lettre qui lui avait été envoyé par son frère; je voudrais savoir comment cette pièce se trouve jointe au dossier. N'est-ce pas malgré Janety ?

Janety. Elle est tombée entre les mains de madame Édouard, qui, ayant reçu une assignation, l'a remise aux magistrats.

M. *le Président.* Janety, avez-vous quelque chose à changer à votre déposition d'hier.—R. Non, Monsieur.

M. *Planel*, étudiant en droit et témoin. Le 19 novembre n'est pas pour moi un jour si remarquable, et les faits qui peuvent me toucher ce jour-là ne sont pas restés profondément gravés dans ma mémoire. Je ne puis donc, comme dans mes premiers interrogatoires, que répondre sous la forme dubitative. Je me suis rendu à midi ou à une heure sur le quai d'Orsay pour y voir passer le cortége. Je ne sais si j'étais avec quelqu'un. Après l'événement je me suis dirigé, par les rues du Bac et de Grenelle, sur le Luxembourg, où je me suis promené avec des camarades. Je crois qu'à cinq heures j'étais au Palais-Royal. Voilà, autant que je me le rappelle, l'emploi de ma journée. —D. Avez-vous vu Janety avant de vous rendre au Pont-Royal ? — R. Je ne me rappelle pas si je l'ai vu ce jour-là, parce que je le voyais souvent. — D. Vous ne lui avez pas donné rendez-vous au Palais-Royal ? —R. Je ne sais; tout ce que je puis dire, c'est que je crois avoir été au Palais-Royal à cinq heures.

D. Vous avez dit tout-à-l'heure que vous étiez avec quelqu'un sur le quai d'Orsay.—R. J'ai dit que je n'en étais pas sûr.—D. Vous êtes-vous, après l'explosion du coup de pistolet, avancé avec Janety sur le Pont-Royal ?—R. Je viens de vous déclarer, je crois, que j'avais suivi les groupes par la rue du Bac et la rue de Grenelle.— D. Aviez-vous vu Bergeron avant de vous placer sur le quai d'Orsay ?—R. Non, du moins ce n'est pas présent à ma mémoire. — D. Ainsi il ne vous a pas dit qu'il voulait tirer un coup de pistolet sur le roi?—R. Non, monsieur. — D. Il n'est donc pas vrai que vous en ayez parlé à Janety ? —R. C'est un fait faux et calomnieux. — D. Quels sont les amis avec lesquels vous vous êtes promené le 19 au Luxembourg : vous avez refusé déjà de les nommer. — La police était en veine d'arrêter, je craignais de compromettre mes amis, et je m'abstins, comme je m'abstiens encore de les nommer.

D. N'avez vous pas d'abord précisément affirmé que vous n'aviez pas vu Janety ? — Je me sers encore aujourd'hui de la forme dubitative, parce que, je le répète, je voyais souvent Janety. — D. Conservez-vous cette forme à l'égard de Bergeron ? — R. Je ne l'ai jamais conservée à l'égard de Bergeron, parce que lui est mon ami intime, et que si je l'avais rencontré, je me le serais rappelé. — D. Vous ne vous rappelez pas non plus avoir parlé à Delaunay — R. Non, monsieur. — D. Il en est de même de Benoist? — R. Oui.

Le Président. Bergeron, le témoin vient de dire qu'il n'a pas vu Janety le 19. Cette déclaration est contraire à celle que vous avez faite dans un de vos interrogatoires. — R. Planel était arrêté, il avait subi une instruction. J'ai pensé qu'il avait pu mettre de l'hésitation dans ses réponses, et lorsqu'on m'a demandé si je savais que Planel eût vu Janety, j'ai répondu oui, craignant de le compromettre. — D. C'était alors pour faire concorder votre déclaration avec celle de Planel? — R. Oui, Monsieur. Quand il s'est agi de moi, j'ai dit la vérité; mais j'ai dû m'abstenir, quand il s'agissait d'un ami. — Janety est mis en présence de Planel. Les deux témoins sont tournés du côté des avocats.

Le Procureur général. Mettez-vous devant MM. les jurés, le jeu de la physionomie est une chose importante dans une pareille matière.

Janety, interrogé, réitère la déposition qu'il a faite hier. Il persiste à déposer qu'il était avec Planel, lors du passage du cortége, etc.

Planel, avec force. Que tout cela est absurde et misérable! C'est une calomnie, et une calomnie infâme!...

Le procureur général. Il ne s'agit pas ici de calomnie; répondez: les faits que rapporte Janety sont-ils vrais? — R. Non, monsieur Persil.

Le procureur général. Ce n'est pas à M. Persil, que vous parlez, c'est à M. le procureur-général.

Le président en faisant remarquer l'importance de la déposition de Planel, lit ses premiers interrogatoires, qui se trouvent conformes à la déposition qu'il vient de faire. Planel, ajoute M. le président après cette lecture, votre déposition est grave; il importe aux débats et à vous de dire la vérité. Persistez-vous. — R. Plus que jamais!

L'avocat général Frank-Carré. Dans l'instruction le témoin a hésité sur toutes les circonstances et aujourd'hui il devient plus affirmatif à l'égard de quelques-unes; par exemple, il dit positivement qu'il n'a pas pris par le quai Malaquais.

Planel. Je me suis remémoré cette circonstance, et je suis revenu sur ce que j'ai dit primitivement.

M^e. Joly. MM. les jurés se pénètreront bien de cette circonstance; c'est que, lors de ses interrogatoires, Planel répondait comme accusé, et qu'aujourd'hui il est ici comme témoin.

Bergeron. Hier Janety a avancé que Benoist, lors de sa rencontre avec Planel, avait confié en sa présence à ce dernier, qu'après le coup de pistolet, m'adressant à ceux qui criaient: Vive le roi! je leur avais dit: « C'est une abomination de crier ainsi vive le roi! » Je vous le demande, MM. les jurés, s'exprimer ainsi après un pareil événement, n'était-ce pas s'exposer à se faire mettre en pièces?

Janety. Planel parlait avec Benoist; j'ai peut-être mal entendu ce propos. (Mouvement.)

M^e. Joly rappelle que le témoin s'est exprimé d'abord sur ce fait d'une manière positive.

Bergeron. Si j'avais manifesté à Planel l'intention de tirer un coup de pistolet sur le roi, il est probable qu'étant mon ami, il ne m'aurait pas quitté, afin de m'empêcher de commettre cette action. Il aurait dû en être de même de M. Janety, qui m'a montré tant de sollicitude. Il aurait engagé Planel à me chercher de nouveau. Enfin, messieurs, moi, jeune et étourdi j'aurais entraîné à la remorque Benoist, homme grave, qui n'est pas même accusé de répuplicanisme ; cela est-il possible ?

M. *Joly* requiert qu'il soit consigné au procès-verbal que Janety a déclaré avoir mal entendu le propos tenu par Benoist à Planel.

Le témoin Paul-Louis Delaunay, ex-clerc d'huissier, est introduit.

Le président. Dites ce que vous savez sur les faits du procès.

Le témoin. Je m'en réfère à ma première déposition écrite. Je suis arrivé le 19 à l'entrée du Pont-Royal après l'explosion, du côté de la rue du Bac. Je vis un gendarme qui tenait un pistolet. Le témoin trouve à ce pistolet de la ressemblance avec l'une des armes qui lui sont présentées.

Le président. Qui rencontrâtes-vous après l'événement ? — R. Plusieurs personnes. Ce souvenir ne m'est guères présent après quatre mois.—D. Ne rencontrâtes-vous pas Janety ?—R. Je ne connais pas cet individu.—D. Ne rencontrâtes-vous pas Planel?—R. Comme je connais Planel, et que je le rencontre souvent, je puis l'avoir rencontré ce jour-là, qui dans mon esprit n'est pas plus important que les autres.

D. Vous avez fait trois dépositions écrites : dans la première, vous niez tout ce qui a été rapporté par Janety de votre conversation avec Planel le 19 et du signalement que vous avez donné de l'assassin, dans les deux dépositions suivantes, vous changez de langage et confirmez une partie des charges de l'accusation.

M. *Joly* explique ces tergiversations. Ce n'est point comme témoin que Delaunay a déposé constamment, mais comme accusé.

Delaunay ajoute quelques mots sur les violences qui lui ont été faites. Avant d'aller dans le cabinet du juge d'instruction, on l'a mis au secret.

Le Procureur général lui répond que si des violences ont été exercées contre lui, il pouvait demander justice.

Delaunay. Aurais-je pu l'obtenir ? Et ma place, mes seuls moyens d'existence qu'on m'a fait perdre par les persécutions, me les aurait-on rendus?

Le Président lit les deux dernières dépositions écrites de Delaunay.

Me Moulin demande et obtient la parole. Il est interrompu par le procureur général.

Me Moulin. La parole vient de m'être accordée.

Le Procureur général. Le ministère public a droit de parler quand il veut.

Me Moulin. Oui, mais avec la permission du président.

Malgré cette observation, le procureur général Persil continue à parler, et presse vivement Delaunay de se prononcer entre sa première et ses deux dernières dépositions. Le témoin répond que ces deux dernières dépositions devant le juge d'instruction ne doivent être d'aucun poids dans les débats; qu'il était tellement comme accusé à cette époque, que des témoins ont été appelés à justifier de l'emploi de son temps; qu'il a été déjà en prison après le mois de juin, qu'il en est sorti mourant. La crainte, ajoute le témoin, de subir une seconde fois cette prévention horrible, a pu m'empêcher d'être moins négatif sur quelques-uns des points allégués par Janety, qui venait en ce moment de déposer devant moi.

Le Procureur général. Il ne s'agit pas ici de raisonner. (Violens murmures.)

Le Procureur général Persil, au public. La justice n'est pas ici sur un théâtre, pour encourir des marques d'improbation. Encore quelques murmures, et je requiers l'évacuation de la salle. (A Delaunay). Vous avez donc menti dans vos deux dernières dépositions? — R. Je n'ai point menti, j'ai modifié ma déposition selon ma position personnelle, me réservant de tout rectifier quand je serais rendu à mon libre arbitre.

Le Procureur général Persil, insistant. Vous mentiez donc?

Le témoin répète ce qu'il vient de dire. Me Joly dit qu'aux termes de la loi, le débat oral doit seul être appelé à former la conviction du jury.

Le président interroge de nouveau Delaunay sur sa rencontre avec Janety, le 19; que le témoin persiste à nier. Quant à Planel que je rencontre souvent, répète-t-il, il est possible que nous nous soyons rencontrés ce jour-là.

Le Procureur général. Nous ne procédons pas ici sur des possibilités. (Nouveaux murmures).

Le président s'étonne qu'on ne respecte pas plus la justice et ordonne aux sergens de ville d'amener au pied de la cour ceux qui murmureront. Il insiste avec une sorte d'humeur pour faire prononcer au témoin le mot de *oui* ou *non* sur sa rencontre avec Planel. Delaunay finit par s'écrier : Eh, monsieur, que voulez-vous que je vous dise! j'ai eu bien autre chose à penser depuis. Bergeron prenant la parole, explique naturellement les hésitations du témoin par ignorance complète des faits. Après plusieurs redites des deux membres du parquet, le procureur-général Persil et le substitut Frank-Carré, sur la conversation prétendue de Delaunay à laquelle Janety a dit avoir été présent, une nouvelle discussion s'élève entre les avocats et le ministère public au sujet de ce qui doit faire foi dans les débats ou de l'instruction écrite ou des dépositions orales. Le ministère public prétend qu'il n'y a point de règle pour former la conviction du jury.

Me Joly réfute les argumens du parquet et établit que les dépositions devant le juge d'instruction n'ont qu'un but : celui d'amener devant la cour la rectification des faits et l'établissement de la vérité.

Janety est rappelé pour subir une confrontation avec Delaunay; le premier continue à soutenir qu'il l'a rencontré le 19 avec Planel; Delaunay persiste plus que jamais à soutenir qu'il ne connaît pas Janety, et qu'il l'a vu pour la première fois dans le cabinet du juge d'instruction.

Penaud, chapelier, rue de Richelieu, n. 97, a rencontré son ami intime Delaunay le 19. Delaunay ne savait rien sur l'attentat, si ce n'est qu'il avait vu un pistolet dans les mains d'un gendarme. Il n'a pas dit un mot au témoin de sa rencontre avec Planel.

Les défenseurs s'appuient de la déposition du témoin pour confirmer qu'effectivement Delaunay n'avait pas rencontré Planel le 19. Cette rencontre aurait eu trop de poids dans son esprit pour qu'il n'en eût pas parlé à un ami intime.

Malberger, garçon chapelier, est aussi ami de Delaunay : il l'a rencontré le soir du 19, et pourtant il ne lui a rien dit ni de sa rencontre avec Planel, ni de sa connaissance de l'auteur du crime.

Charles Gauthier a vu également Delaunay de deux à trois heures le 19. Quoiqu'ils soient intimement liés, Delaunay ne lui a rien dit des circonstances mentionnées dans la déposition de Janety.

Les défenseurs font remarquer ces trois dépositions.

Bergeron. J'ajouterai à ces témoignages justificatifs que la grande réserve dans laquelle s'est tenu Delaunay vient principalement de ce que ne sachant rien, il craignait de trop parler.

Montreuil, maître clerc d'huissier, travaillant dans l'étude où travaillait Delaunay à l'époque du 19. Delaunay lui raconta tout ce qu'il savait sur l'attentat. Il ne lui dit pas un mot de ce qui a été dans mis sa bouche par Janety.

L'huissier appelle mademoiselle Delphine-Gabrielle Lucas (Mouvement d'attention). Le trouble de cette jeune personne est extrême. Le président lui fait donner une chaise.

Le Président. A quel heure est sorti Bergeron de chez vous le 19?— R. De fort bonne heure. Je pense qu'il a été à ses répétitions. — D. l'avez-vous revu dans la journée?—R. Vers les cinq heures du soir. J'ignore totalement ce qu'il a fait dans la journée. — D. Comment était-il vêtu?—R. D'un habit noir.—D. Dans l'instruction écrite vous avez dit que vous le supposiez vêtu d'une redingote verte très vieille. Qu'est devenu ce vêtement? — R. J'ai connu à Bergeron une semblable redingote, je ne sais où elle est passée.—D. Où était placée la reprise?—R. Vers le dos. — D. Savez-vous si Bergeron a envoyé une redingote chez le tailleur Roux pour la racourcir?—R. Je l'ignore.—Connaissez-vous Janety?— R. Pas le moins du monde.—D. Et Planel? — R. Je le connais un peu.—D. Tous les deux ont été chez vous le 19?—R. Je n'ai vu que M. Planel.—D. Vous vous dirigeâtes vers le Pont-Royal, et vers une heure avec qui étiez-vous?— R. Avec M. Cerise, mon médecin, et une autre personne. — D. Rencontrâtes-vous Bergeron en allant au Pont-Royal?—R. Non, monsieur.—D. Connaissez-vous Benoist?.—R. Je l'ai vu fort peu.—D. Je vous renouvelle ma question sur Janety; il n'a pas été chez vous le 19, pour s'informer de Bergeron?—Le témoin réitère qu'elle ne sait ce que c'est que Janety.

D. N'avez-vous pas, après l'attentat, vu passer Bergeron dans la rue?—R. Non, monsieur.—D. Bergeron s'est-il fait couper les cheveux et a-t-il changé de cravate? Un témoin prétend que vous le lui avez affirmé, comme aussi qu'il avait envoyé sa redingotte pour la faire défigurer?—R. Je ne sais rien de tout cela.

Le Président oppose à la demoiselle Lucas quelques-uns de ses précédens interrogatoires. Il lui représente les fragmens de redingote
qui sont sur la table et lui demande si elle y reconnaît la redingote
verte à reprises mal faites.—Le témoin répond négativement.

Me Moulin demande au jeune Janety pourquoi son frère a cessé de
voir sa grand'mère et sa sœur. A la première question, le témoin ne répond pas, par des considérations de famille. A la seconde, le témoin
répond que ce fut à l'occasion d'une scène entre mademoiselle Janety
et son frère aîné.

D. Quelle fut cette scène? — R. Le jour de l'arrestation de Bergeron,
mon frère vint tout effaré nous dire qu'il était perdu, qu'il était le
complice de Bergeron, qu'il avait tous les mouchards à ses trousses et
que nous étions surveillés aussi, etc. (Mouvement prolongé.)

On rappelle Janety aîné. Le président l'interroge sur ce fait; et ce
témoin répète qu'il n'avait tenu ces propos que pour empêcher sa sœur
de commettre une indiscrétion.

Janety jeune. Tu t'alarmais mal à propos, car tu sais que nous te con-
naissons pour un menteur. (Sensation.)

Janety aîné. Il est déplorable de présenter en séance publique le
spectacle d'une querelle entre deux frères, mais je dois répondre qu'en
me traitant ainsi, mon frère m'expose à une accusation en faux témoignage.

Janety jeune. Il me semble que pour dire que mon frère est un peu
hâbleur, il n'en doit pas résulter une accusation de faux témoignage.
(Rires.)

Le Président. Il est pénible de mettre deux frères en face.

Me Joly. Il est encore plus pénible de voir deux têtes placées sous
une accusation capitale. (Très bien!)

Janety aîné cherche à se justifier en disant qu'il se trouvait exposé à
donner un démenti à sa sœur, à son frère, à ses oncles, qui étaient appelés à déposer sur des circonstances dont ils devaient la révélation à
son indiscrétion. Du reste, ajouta-t-il, je déclare que j'ai dit la vérité,
et que je ne crains rien.

Le Procureur général. Vous aurait-on fait des menaces?

Janety aîné. Non, monsieur, mais si on me menace, je répondrai.

Janety jeune, se retirant. Je me dispose encore à parler quand
madame Edouard paraîtra devant la cour. J'ai des explications importantes.

M. Garnot, propriétaire, oncle de Janety. Mon neveu vint m'apprendre l'événement du Pont-Royal. Je lui demandai si l'assassin était
arrêté. Il me dit que non. Comment le sais-tu, répondis-je? Je viens
de le quitter rue Taranne, répliqua-t-il.

Le président. Janety aîné est-il sujet à se vanter? — R. — Souvent,
pour satisfaire son amour-propre.

Interrogé sur la moralité de ses deux neveux, M. Garnot déclare
qu'il est plus content de la conduite du jeune que de celle de l'aîné :
il ajoute qu'une dame Edouard exerce sur Janety une grande influence.

M. Antoine Garnot, autre oncle de Janety, croit l'aîné de ses neveux incapable de faire une fausse déposition. Il lui a effectivement parlé de l'événement, mais, dit-il, je le répète, je le crois incapable de trahir la vérité pour de l'argent.

L'audition de la femme Edouard, née Corons, paraît être vivement attendue de l'auditoire; elle est vêtue avec recherche, et le président lui fait donner un siége. Sa déposition roule sur ses relations avec Janety aîné, qu'elle assure être un homme d'honneur, et ne s'être engagé que par de bons motifs. Elle prétend que Janety jeune lui a fait des menaces pour l'engager à ne pas déposer contre Bergeron. C'est elle, du reste, qui a remis à M. Vincent-Saint-Laurent le billet par lequel on voulait forcer Janety aîné à se rétracter.

On appelle Janety jeune pour être confronté, suivant sa demande, avec la dame Edouard.

Les explications entre cette dame et le jeune homme, qui paraît la regarder comme un brandon de discorde dans la famille Janety, et comme l'instigatrice du rôle joué par Janety aîné dans cette affaire, sont très longues. Il en résulte que, de son propre aveu, c'est par esprit de vengeance contre Janety jeune, qui la servait mal dans l'esprit de ses oncles, qu'elle aurait remis les billets entre les mains de la justice. La défense s'est offerte à prouver en outre qu'elle aurait dit : « Maintenant Janety aîné n'a plus besoin d'être soldat; il aura une place du gouvernement. »

Le nommé Cabet, ex-dragon, garde municipal, est encore appelé en vertu du pouvoir discrétionnaire, pour venir déposer, comme le dragon Vieussens que, d'après un propos tenu chez le portier de la pension de Reuss, Bergeron aurait tenté de tuer le roi au mois de juin. L'accusé, à la grande satisfaction de l'auditoire, fait ressortir la stupidité de cette déposition, qu'il a appelée le *coup de pied de l'âne*.

AUDIENCE DU 15.

M. Martin, tailleur, met sur la table destinée à recevoir les pièces de conviction, la redingote qu'il a été chargé de recoudre.

Le procureur général. Je demande que Bergeron soit invité à se vêtir de cette redingote.

Le président. Nous n'en sommes pas encore là.

Mademoiselle Janety est introduite. Cette demoiselle est élégamment vêtue, sa physionomie est distinguée ; elle est âgée de 18 ans, et s'exprime en ces termes : Mon frère m'a annoncé l'événement du 19 novembre; il me dit qu'il était complice de l'attentat, je veux parler de mon frère aîné; il me le dit très sérieusement; mais je connais son caractère, je crus que c'était une plaisanterie.... Il ajoute qu'il connaissait l'auteur du coup de pistolet, Bergeron. C'était le Dimanche suivant; il n'a jamais désavoué ces propos.

Le président. Il y a beaucoup de différences entre votre déposition orale et vos déclarations précédentes. Et d'après l'instruction il en résulterait que c'est vous qui avez, au contraire, annoncé l'événement du 19 à votre frère, et que celui-ci avait désavoué les confidences qu'il vous avait faites.

M^e. *Joly*. Mademoiselle Janety a-t-elle dit à son jeune frère que Janety aîné lui avait avoué qu'il était du complot. — R. Oui, monsieur. — D. Qu'a répondu le jeune Janety ? — R. Que cela n'était pas possible.

M. *de Reusse*, chef d'institution, rue de Vaugirard. Je ne sais rien sur le fond de l'affaire, absolument rien. Je ne puis parler que du caractère de M. Bergeron, que j'ai l'avantage de connaître. Il est venu chez moi de 3 heures à 3 heures et demie, parce que je l'avais prié de se présenter à moi toutes les fois qu'il y aurait quelque chose d'extraordinaire à Paris. Nous avons parlé du coup de pistolet d'une manière assez indifférente. Je n'ai jamais eu aucun reproche à lui adresser; il remplissait ses devoirs de répétiteur avec exactitude et même avec beaucoup de succès. Un jour il me fut fait des rapports à raison de ses opinions; je lui en parlai; il me répondit qu'il avait des idées républicaines, mais qu'il croyait que le moment n'était pas venu d'établir en Frrnce la république, qu'il fallait attendre encore un peu... il y a un an de cette conversation. Cette circonstance n'altéra pas les sentimens de bienveillance qu'il m'avait inspirés; je lui donnai des répétitions qui lui fournissaient les moyens d'élever son frère dans une autre pension.

Le président lit une note de police, cachée à la défense et demande au témoin s'il n'a pas dit que Bergeron avait une mauvaise tête. — R. Jamais, monsieur. — D. S'il avait l'intention de mener une vie ascétique. — R. Je n'ai jamais dit cela à personne; vous me lisez un rapport qui m'est tout-à-fait étranger.

Me *Moulin*. Pourriez-vous, M. le président, nous faire connaître l'origine de cette pièce ?

Le président. Non. (Murmures dans l'auditoire.)

M. *Joly*. Dès que cette pièce est fournie aux débats, il aurait été de toute justice de la communiquer aux défenseurs, c'est une note de police démentie par le témoin. Le pouvoir discrétionnaire de M. le président ne l'autorise pas à lire la correspondance secrète de M. Carlier.

Le président. Je n'ai pas l'honneur de connaître M. Carlier. (On rit.)

M^e. *Joly*. De qui vous vient donc cette note mensongère ?

Le président. Je ne puis le dire. (Nouveaux murmures.)

Le président à M. de Reusse. Connaissez-vous le papier qui a servi de bourre. — R. Non, monsieur, ce devoir n'a jamais été donné dans mon institution. Les mots qu'on lit sur ce papier me sont tout-à-fait inconnus. — D. Quel habit portait Bergeron ordinairement? — R. Une redingote vert-olive ou à peu-près; mais le 19 novembre, sur les trois heures du soir, il se présenta chez moi en habit noir. — D. Quand on vous a représenté la redingote qui est devant vous, vous avez déclaré ne la pas reconnaître.

Bergeron. Je ferai observer au témoin que ses souvenirs l'ont mal servi : quand il déclare qu'il m'a vu le 19 sur les 3 heures et demie; il se trompe; je ne suis allé à la pension que vers les 4 heures et demie ou 5 heures.

Le témoin. Je ne puis raconter les faits que selon ma mémoire. Je n'affirme pas, je dis seulement *je crois*...

Bergeron. Il est important pour moi de détruire les calomnies de M. Carlier, homme de police. Je prie le témoin de déclarer de nouveau que je n'ai jamais eu des idées religieuses exaltées, des idées légitimistes, et que je ne change pas du jour au lendemain.

Le président. C'est inutile.

M⁺. *Joly.* Non pas pour nous, M. le président; j'insiste dans l'intérêt de l'accusé.

Le témoin. M. Bergeron n'a jamais manifesté des idées religieuses exaltées, ni surtout des idées légitimistes; c'est un homme d'honneur, je l'ai vu toujours le même, seulement il n'y a qu'une année qu'il a montré des opinions républicaines très prononcées.

Janety aîné est confronté avec sa sœur. On lui demande s'il ne lui a pas dit qu'il était l'auteur ou le complice de l'attentat. Janety répond qu'il ne veut pas renouveler le scandale d'hier; il ne veut rien dire de plus.

Le Président demande aux défenseurs s'ils ont des observations à faire.

M⁺ *Joly.* La défense a trop beau jeu pour insister.

Le portier de la maison de Reusse affirme que la redingote qu'on lui représente est celle qui fut déposée chez lui...; que sa femme y fit une reprise...; que le dragon Vieussens lui a dit qu'il espérait entrer dans la garde municipale, qu'à la préfecture de police on lui avait donné l'assurance. (Ah!)

La femme du portier fait la même déposition. Elle ajoute que c'est sur le dos, et avec de la soie, et non pas du gros fil, qu'elle a fait une reprise à cette redingote. Interrogée, elle répond que vers le 19 décembre Bergeron recevait beaucoup moins de visites qu'à l'ordinaire.

M⁺ *Moulin.* Hier la femme Sausset n'a-t-elle pas entendu dans la salle des témoins une conversation entre Janety et la femme Édouard.

La femme Sausset. Oui, monsieur. J'ai entendu une dame dire à M. Janety : « En ne rétractant rien, on n'a rien à craindre. » Mais je ne connais pas la dame. — On fait venir la femme Édouard.

La femme Sausset. Oui, c'est celle-là.

La femme Édouard. C'est horriblement faux; c'est une calomnie. J'ai pleuré pendant trois heures, je n'ai rien dit : j'ai été insultée par ces jeunes gens; c'est indigne! vous ne sauriez croire tout ce que j'ai souffert dans la salle des témoins. J'ai été l'objet des railleries et des marques de mépris de tout le monde; ils ont *déclamé* mille ignominies que la pudeur (on rit) m'empêche de vous répéter.

La femme Sausset. Ce n'est pas vrai..... Je n'ai pas remarqué qu'on ait injurié madame; c'est elle au contraire qui me regardait de travers. Elle a bien dit à M. Janety : « *Va ne te rétracte pas; en ne se rétractant pas, on n'a rien à craindre.*

La femme Édouard. Hé! messieurs, c'est un horrible mensonge! (Elle pleure, l'auditoire rit.)

Janety aîné. C'est horriblement faux. Mon oncle m'a dit : d'Anglar a été arrêté pour s'être rétracté; ne te rétracte pas... Ce que dit cette femme Sausset est une fausseté (murmure d'improbation). Mon oncle a ajouté : en disant la vérité, on ne craint rien.

Femme Sausset. Ce que je dis est vrai... D'autres que moi peuvent le dire, car ils l'ont entendu aussi.

M⁰ Joly. Je ne prétends pas que votre oncle n'ait pas tenu le propos dont vous parlez... mais la femme Edouard l'a dit aussi.

M⁰ Moulin. Quelle est la bonne action que n'a pas voulu révéler la femme Edouard et qu'elle attribue à Janety.

Femme Édouard. Je ne puis vous l'avouer.

M⁰ Moulin. Si c'est une bonne action, il n'y a pas de honte à se confier à la justice.

D. Ne teniez-vous pas une maison de jeux? — R. Oui monsieur.

M⁰ Moulin. N'avez-vous pas distribué et fait distribuer des cartes? — R. Oui, monsieur, cela est vrai... mais je n'ai pas autre chose à dire.

M⁰ Moulin. Cela suffit bien.

M⁰ Joly. Je demande que l'on reconnaisse enfin la redingote : il faut savoir si c'est la redingote *verte* ou *noire* qui a commis l'attentat! — La femme Edouard se retire.

M⁰ Joly. Je reviens à ma proposition. Il est constant que Bergeron a eu deux redingotes, une verte et une autre noire; il serait temps que l'on précisât à laquelle de ces deux se rapporte l'attentat.

Le Procureur général. Je ne dis pas actuellement toute ma pensée.

M⁰ Joly. Vous seriez bien embarrassé de dire toute votre pensée.

Le Procureur général. Je demande le rappel à l'ordre de l'avocat; il y a long-temps que nous souffrons ses sarcasmes, nous ne pouvons plus les supporter.

M⁰ Joly. Je connais mes droits et mes devoirs; je ne lance pas de sarcasmes à M. le procureur général, mais je dis mon opinion sur les témoins, et je fais ressortir les contradictions de leurs témoignages.

M. le président déclare que la cour est satisfaite de ces explications.

Roux, tailleur, confirme sa déposition d'hier. Il déclare avoir fait, vers le mois d'août, une reprise sur le dos à la redingote de Bergeron. Le fils du tailleur confirme également cette déposition.

Jeanneson commissaire de police. Je connais Benoist. Après l'événement je fus chargé d'aller saisir la redingote de M. Bergeron.

Bergeron. C'est le magistrat qui a procédé à mon arrestation. Je lui demande si, quand il m'a arrêté, j'ai changé de visage; si je n'ai pas conservé tout mon calme : ordinairement, un coupable arrêté montre une vive émotion.

Le témoin. Monsieur a paru tranquille, effectivement; il n'a pas changé de visage. Je lui ai fait connaître le mandat que je venais exécuter; je l'ai invité à me suivre, il m'a répondu avec sérénité : Marchons, monsieur.

M. Delécluse, clerc chez M. Vallée, avoué. Ce témoin est cousin germain de Bergeron. Le 19, dit-il, j'ai rencontré dans la cour de mon patron, Bergeron qui venait me voir. Nous allâmes ensemble nous promener aux Tuileries, je l'y laissai à midi et demi.

Le président. Bergeron a dit dans un de ses interrogatoires qu'il vous avait reconduit jusqu'à la place Dauphine. — R. C'est une erreur qu'il a pu commettre, parce qu'il avait ainsi l'habitude, quand il venait me voir, de me reconduire jusqu'au palais. — D. En le quittant, vous a-t-il dit où il allait? — R. Non. — D. Vous a-t-il dit aussi s'il avait un rendez-vous au Palais-Royal avec Planel? — R. Il ne m'en a pas parlé. — D. Quel vêtement portait-il ce jour-là? — R. Un habit, dont je n'ai pas bien remarqué la couleur. — D. Lui avez-vous connu une redingote? — R. Je lui en ai connu une verte et une marron. — D. En reconnaissez-vous une sur le bureau? Voyez. — R. Il est possible qu'il y en ait une, mais je ne puis l'attester. — D. Savez-vous si à l'une de ses redingotes il y avait une reprise? — R. Oui, je me rappelle qu'un jour je lui fis une observation en voyant qu'il portait une redingote reprisée grossièrement à un endroit du dos.

Le président. Combien y a-t-il, Bergeron, que vous avez donné la redingote verte à Bastide?

Bergeron. M. le président, veuillez poser la question au témoin. Je répondrai plus tard. Autrement on dirait que ma déclaration a influencé le témoin. — Le président insiste. — R. Il y a six mois.

Me Moulin. Avez-vous entendu dire que la famille de Janety se plaignait de l'influence qu'exerçait la femme Edouard sur Janety aîné? — R. Oui, monsieur. M. Garnot me disait l'autre jour dans la salle des témoins que la femme Edouard exerçait une influence funeste sur Janety aîné. Que par son instigation il avait emprunté 6,000 francs à un juif, quoique sa fortune ne s'élevât qu'à 20,000 francs.

M. Garnot, rappelé. Oui, monsieur, je l'ai dit, mais sans fixation de somme. Je n'ai pas la certitude d'avoir parlé de juif.

Le Procureur général. Delécluse, vous vous êtes promené pendant une heure avec votre cousin Bergeron? — Oui, Monsieur. — D. De quoi vous êtes-vous entretenus? — R. Bergeron revenait du sein de sa famille, auprès de laquelle il était resté quinze jours, nous avions là un sujet assez intéressant pour notre conversation.

Madame Dufresnoy reconnaît le fusil de son fils, qui l'avait remis à Bergeron pour le faire raccommoder... elle ne peut dire à quelle époque... Bergeron remplissait ses devoirs chez moi comme répétiteur, sans parler aucunement d'objets politiques. Il m'a demandé un jour l'autorisation de tirer le pistolet dans mon jardin; c'était, je crois, 15 jours ou 3 semaines avant l'évènement; j'ai vu ses pistolets; mais il me semble que ceux que vous me représentez ne sont pas aussi longs que ceux de Bergeron. Au surplus, j'étais placée trop loin quand je les ai vus pour les examiner.

Bergeron n'a pas donné ses leçons le 19 novembre, mais comme il ne venait pas tous les jours, je ne m'en suis pas plainte, je n'y ai pas même songé. Il n'est pas venu le 17, mais le dimanche 18. Le fusil a été donné à mon fils comme jouet d'enfant. Il était tout rouillé, rempli de plâtre; mon fils me priait instamment de le faire raccommoder. Enfin, j'en parlai à M. Bergeron qui voulut bien s'en charger. M. Bergeron venait chez moi tantôt à midi, tantôt à 10, 11 heures; il n'avait pas d'heure fixe.

Le jeune *Dufresnoy* est entendu ; il est âgé de quinze ans, étudiant. Je connais Bergeron, il était mon répétiteur. Un jour, il était content de moi, je le priai de faire arranger mon fusil. J'en parlai aussi à maman, qui pria M. Bergeron de se charger de cette commission. Je possède ce fusil depuis trois ans. M. Bergeron l'emporta dans cette intention un mois environ avant le 19 novembre. Il avait des pistolets qu'il voulait essayer dans le jardin. Il était avec un autre jeune homme que je ne connais pas. Jamais M. Bergeron ne m'a parlé de politique.

Le Procureur général. Bergeron, avez-vous dit qu'en le faisant raccommoder, il pourrait servir à tuer des oiseaux sur le boulevard ?

Bergeron. Montrez donc le fusil à MM. les jurés, et ils verront qu'on ne peut pas y faire entrer trois grains de plomb. J'ai dit, en prenant la forme dubitative, qu'on pourrait s'en servir pour tirer des oiseaux ; mais ce n'est pas avec de la cendrée qu'on peut abattre un homme.

Le Procureur général. Bergeron, le moment est venu de vous expliquer sur les pistolets que vous avez eus en votre possession.

Bergeron. J'ai eu des pistolets de calibre que j'ai fait vendre, il y a long-temps. J'en ai eu appartenant à un élève de l'école polytechnique ; ce sont ceux-là que j'ai essayés chez madame Dufresnoy ; ils étaient d'une longueur de 10 pouces, nous tirions à vingt-cinq pas et *nous tirions juste*.

Le Procureur général. Avec qui vous exerciez-vous chez madame Dufresnoy ?

Bergeron. C'est un jeune homme qui n'a pas les mêmes opinions que moi. Sa famille occupe des places du gouvernement... Je ne veux pas les exposer à une chose désagréable, en les forçant à venir déposer dans cette affaire.

Le Procureur général. C'est cependant très important. Nous sommons Bergeron de le déclarer. (Murmures.) Les fonctions que nous remplissons sont assez pénibles pour que l'improbation de l'auditoire ne vienne pas en augmenter les désagrémens ; nous avons une conscience comme les autres ; quoiqu'on en dise, nous ne voulons que la manifestation de la vérité, nous requérons qu'on évacue la salle au moindre murmure ; Bergeron, dites-nous quel est celui qui tirait avec vous le pistolet chez madame Dufresnoy.

Bergeron. Metzinger, rue Dauphine, n° 20.

Le Président ordonne qu'il sera entendu en vertu de son pouvoir discrétionnaire.

Le *témoin* Gilet, demeurant dans la maison Dufresnoy : M. Bergeron venait presque tous les jours donner ses leçons. J'ignore si M. Bergeron avait des pistolets ou si les pistolets appartenaient à ses amis. Ils s'amusaient au tir avec trois ou quatre jeunes gens, entre le 1er et le 19 novembre. Je les ai vus à sept ou huit pas : *ils étaient* BEAUCOUP PLUS GRANDS que ceux que vous me représentez.

Bergeron. Je déclare que j'étais avec un seul camarade : peut-être des personnes de la maison de santé se sont approchées de nous, et le témoin a confondu.

Me Moulin. Je prie M. le président de demander au témoin s'il a jamais vu Daniès dans le jardin.—R. Jamais. — D. A quelle heure se levait Daniès? —R. Sur les dix heures et demie.

Daniès. Je connaissais Bergeron. Le 4 novembre dernier je suis entré dans la maison de santé ; j'entendis des coups de pistolet. Je demandai à la maîtresse de la maison ce que c'était. Elle me répondit : Ce sont de jeunes républicains qui s'amusent : si vous voulez vous amuser aussi, vous pouvez descendre. Je lui objectai que ce n'étaient pas des divertissemens de mon âge. Cependant le temps était beau, je descendis dans le jardin. Il était une heure. J'ai vu plusieurs fois Bergeron accompagné d'un jeune homme et de l'enfant de madame Dufresnoy. J'ai tenu les pistolets dans ma main ; je jugeai qu'ils devaient porter HAUT. Je restai à peu près cinq minutes avec eux. Les canons des pistolets sont à six faces, il y a une rayure le long du bois.

Le Président. Les reconnaîtriez-vous ? — *Le témoin*, après un moment de silence et avec hésitation. Oui, je crois. (Il les examine.) Je ne puis pas positivement dire que ce sont les mêmes, mais ils sont assez semblables.

Me Joly. Avant d'apprécier, comme nous le ferons tout-à-l'heure, la déposition du témoin, nous devons rectifier des faits importans. Il est extraordinaire que le témoin ait examiné attentivement les pistolets pour se rappeler si ce sont les mêmes qu'il a vus dans le jardin.

Voici l'observation frappante qui résulte de la déposition écrite et reçue après la publication de l'arrêt de renvoi. On ne lui a pas demandé la construction des pistolets avant de les lui montrer. A quoi ressemble ce genre de procéder? Le président, avant de faire expliquer le témoin, et de lui laisser rappeler ses souvenirs qu'il devait reporter au jardin de madame Dufresnoy, lui montre les pistolets que le témoin peut décrire facilement après les avoir vus.

M. Moulin. Comment le témoin se trouve-t-il à l'audience ?

Le Procureur général. Il a été cité à notre requête.

M. Moulin. Quelles démarches avez-vous faites pour que M, le procureur général ait été amené à vous citer.

Le Procureur général. Je m'oppose à la position de cette question, parce que nous avons intérêt à ne pas perdre les agens de police qui rendent des services à la société. (Murmure général).

M. Joly. Mais messieurs, on attache une grande importance à la déposition de Daniès. Nous avons intérêt à prouver que c'est un témoin de bonne volonté, un agent officieux de l'accusation.

M. Moulin. Daniès vient de dire qu'il a pris les pistolets dans les mains du jeune Dufresnoy, c'est faux : le jeune Dufresnoy était en voyage à l'époque fixée par le témoin. Je demande qu'on interroge à cet effet madame Dufresnoy.

Madame Dufresnoy. Effectivement, mon fils était à Auteuil.

M. Moulin, Daniès a dit que Bergeron tirait le pistolet à une heure.

Deux témoins ont déposé que c'était à dix heures. Ce témoin calcule le temps, fait tout et voit tout autrement que les autres. MM. les jurés, vous vous en souviendrez.

Après de nouvelles déclarations de Daniès, étrangères aux débats, le procureur général engage Bergeron à s'expliquer sur la moralité du témoin.

M⁰ Joly à Bergeron. Vous vous expliquerez plus tard.

Le Procureur général. Le défenseur a été avocat, et alors il devrait savoir qu'il n'est pas permis de conseiller à un accusé de ne pas ré-pondre.

M⁰ Joly. M. le procureur général vient de dire quelque chose de très offensant pour moi et pour l'ordre...

Le Procureur général Persil. A l'instant même je vous arrête pour vous dire que je n'ai pas voulu vous offenser.

M⁰ Joly. Dans ce cas, il y a dans vos paroles un choix bien mauvais et bien malheureux d'expressions. L'avocat qui vous parle a dit qu'il avait été avocat et qu'il était digne de l'être ! il répète avec tout le sen-timent que lui inspire cette noble profession : Oui, je suis digne de porter la toge, et je défie qui que ce soit de prouver que je l'ai désho-norée. J'en ai porté une autre que je n'ai pas salie non plus. (Sensation.) Je suis sorti des fonctions publiques quand je n'ai pu les exercer avec la conscience que j'ai portée partout. Et cela, M. le procureur général ne l'ignore pas. Aussi je me félicite qu'il se soit empressé de le déclarer tout-à-l'heure; et je n'attribue sa sortie qu'à une vivacité et à la pétu-lance bien connue de son caractère, que je l'engage toutefois à sur-veiller et à modérer désormais. (Mouvement.)

Car il a été avocat lui-même, il ne voudrait pas offenser l'ordre dans lequel il s'est distingué, il ne voudrait pas oublier ce qu'il doit d'égard à ses anciens confrères.

Après avoir parlé de moi, beaucoup trop peut-être, je viens à l'ac-cusé. — On lui demande ce qu'il peut avoir à dire sur la moralité de la déposition de Daniès: je dois l'arrêter et lui dire que le temps n'est pas encore venu de s'expliquer sur son compte.

Le Procureur général. Vous n'avez pas le droit de suggérer une ré-ponse à l'accusé. — M⁰ Joly se lève; le président l'engage à ne pas répondre.

M⁰ Joly. Je ne répondrai qu'à la question de droit. Je n'ai suggéré aucune réponse à mon client; on ne peut qualifier ainsi mon avertisse-ment; s'il s'agissait d'une question relative aux débats, relative au point criminel, je le laisserais libre de répondre; mais ici la question qui lui est adressée regarde l'ordre de la défense; j'ai donc pu et dû dire à Bergeron : Ne répondez pas, le moment n'est pas encore venu, vous répondrez plus tard; n'anticipez pas sur les débats (mouvement d'approbation).

Le Procureur général. Témoin Daniès, avez-vous été engagé à rétracter votre déposition ?—R. Non, monsieur, personne ne m'a fait de propo-sitions à cet égard. — Le procureur général regarde l'accusé d'un œil fixe, et paraît déconcerté de la réponse du témoin.

Le témoin Lepage prête un nouveau serment. Il dépose que le petit fusil qu'on lui présente est *un jouet d'enfant*, et cependant que *s'il était en état* on pourrait tuer un homme avec à une certaine distance. Il croit que les pistolets doivent porter *très-haut, à dix pieds de hauteur, à la distance de dix ou douze pieds.*

Daniès est rappelé. Interrogé, il déclare qu'il ne peut pas affirmer positivement que ce soit dans les mains du jeune Dufresnoy qu'il ait pris les pistolets; il n'en est pas sûr. J'entends parler de cet enfant que voici.

Le jeune Dufresnoy nie avoir eu de contact ou de conversation avec M. Daniès.

Daniès fait son propre éloge et vante sa moralité. Il demande à l'avocat quelle est l'accusation qu'il fait planer sur lui.

M⁰. Joly avec dédain. Est-ce que je veux répondre à un Daniès! (Sensation.)

Le Procureur général. Vous n'avez pas le droit d'accuser les témoins. Quel est le citoyen qui voudra venir à cette audience pour se voir l'objet de soupçons infamans qu'on ne veut pas expliquer!

Bergeron. Si je disais que Daniès est un faux témoin, on me répondrait que je suis un calomniateur. Je le dirai plus tard et je le prouverai par la déposition des personnes que j'ai appelées; et quand je répéterai à Daniès: Vous êtes un faux témoin, il restera sans réponse.

M⁰. Moulin. Je ferai observer que jusqu'à présent Daniès affirme seul, ou plutôt croit pouvoir affirmer, et qu'il a reçu trois démentis formels de la part de trois différens personnages.

Le témoin Fontaine. M. Bergeron est venu chez moi vers une heure. Nous déjeunions; ma femme l'engagea à se mettre à table. — Volontiers, dit Bergeron. Après deux heures, on annonça l'événement du Pont-Royal. Les uns disaient que le coupable était arrêté; d'autres prétendaient qu'il s'était jeté dans la Seine; certains, qu'il avait pris la fuite, qu'il s'était caché dans la foule.

Le Président. Bergeron, vous avez dit que vous étiez arrivé chez Fontaine à midi? — R. Il a pu y avoir erreur de ma part. Le médecin Scrise, dont on a voulu tourner contre moi la déposition, a déclaré qu'il m'avait rencontré vers midi et demi; je suis donc arrivé vers une heure chez le témoin. C'est un fait prouvé.

Pendant une heure, M. le président s'occupe de relever de minutieux détails tout-à-fait indifférens et de très-légères contradictions qui fatiguent l'auditoire. Bergeron donne les explications les plus satisfaisantes.

M⁰. Fontaine. Nous déjeunions vers une heure lorsque, par la porte vitrée, j'aperçus M. Bergeron. J'allai l'engager à se joindre à nous. Il était vêtu d'un habit noir: c'était son costume ordinaire. Je ne me rappelle pas l'avoir vu autrement.

Le Procureur général. Fontaine, approchez, je vous prie. Comment Bergeron est-il entré dans votre salon à manger? — R. Par la porte. (Rire général.)

Le Procureur général. Il ne faut pas plaisanter ici; la justice veut être grave.

Le témoin. Par où voulez-vous qu'il soit entré? (Nouveaux rires.)

Le Procureur général. Ce n'est pas ce que je veux vous dire. — R. Expliquez-vous. — D. Est-ce lui, ou vous, ou votre femme qui a ouvert la porte? — R. J'ai attaché à ce fait si peu d'importance que je n'ai pas cherché à le graver dans mon souvenir.

M. Franck-Carré, qui n'avait encore rien dit. Témoin, M. le procureur général vous a demandé si c'était vous, ou votre femme ou Bergeron qui a ouvert la porte. — Le témoin fait la même réponse.

M⁰. Joly. Qu'importe cette circonstance en présence du fait principal? Le témoin ne se souvient pas plus de cette circonstance que de la couleur du schall de mademoiselle Doussot.

Mademoiselle Doussot fait une déposition semblable à celle du précédent témoin. Elle ajoute qu'elle a vu Bergeron ce jour-là pour la première fois, qu'il était en habit noir.

L'avocat général. Mademoiselle, a-t-on saisi chez vous des papiers portant pour titre *Société des Amis du Peuple?* — R. Oui, monsieur, en visitant des appartemens, je trouvai une feuille de papier contenant des romances et des chansons; je la ramassai...

Mᵉ Joly. Je demande que ces objets soient représentés à messieurs les jurés pour qu'ils jugent si cette demoiselle, toute femme qu'elle est, peut être considérée comme membre de la Société des droits de l'homme, uniquement à cause de cette saisie.

M. Carré. Nous n'insistons pas.

Mᵉ Joly. Messieurs, la police s'est rendue au domicile de ce témoin, et s'est livrée aux plus minutieuses, aux plus tracassières perquisitions. Elle a cru atténuer la force de sa déposition en saisissant un chiffon de papier.

M. Metsinger. Quelque temps avant le 19 novembre je suis allé tirer le pistolet avec Bergeron dans le jardin de madame Dufresnoy. Nous y étions seuls... Personne n'est venu auprès de nous quand nous faisions cet exercice.

Le témoin *Gilet* est rappelé et affirme que depuis le 1ᵉʳ novembre jusqu'au 19, Bergeron n'a tiré le pistolet dans le jardin qu'une seule fois.

Madame Dufresnoy fait la même déposition.

Metsinger. Nous tirions sur une planche.

Le Procureur général. Bergeron, vous avez dit que vous ne vouliez pas nommer le jeune homme qui tirait avec vous, parce que c'était le fils d'un très haut fonctionnaire? — R. Je n'ai pas dit cela. — D. Vous l'avez dit. — R. Vous vous trompez, j'en appelle au public; j'ai dit que sa famille avait des opinions favorables au gouvernement, que plusieurs de ses membres occupaient des emplois, et qu'ils ne seraient pas bien aise de comparaître à cette audience. (Assentiment général.)

Le témoin *Scrise* était avec M. Lucas sur le Pont-Royal vers midi et demi, lorsqu'il rencontra un jeune homme qu'on lui a dit être Bergeron. Il ne peut pas assurer quel costume il avait.

Le témoin *Liez*, proviseur au collége Saint-Louis. Le 23 décembre, je fus mandé au cabinet de M. Saint-Laurent. Avant d'entrer, je m'entendis nommer par mon titre de proviseur, alors je fus frappé par une exclamation qui marquait la surprise et le désappointement. J'en fis part à M. le magistrat-instructeur. Je ne puis pas dire quelles étaient les personnes qui firent cette exclamation ; au surplus, je n'ai reconnu ni l'écriture, ni les mots qui étaient écrits sur le papier qui avait servi de bourre au pistolet. Je connais M. Bergeron, qui a été élève au collége et qui n'y a pas laissé des souvenirs très favorables. (Cette expression, peu en harmonie avec les témoignages unanimes d'estime pour Bergeron, choque l'auditoire.)

Bergeron. Je désirerais qu'on désignât quelles personnes ont fait cette prétendue exclamation dont a parlé le témoin. On pourrait le savoir... on aurait pu le savoir au moment même de sa déposition ; c'eût été le devoir du magistrat s'il avait été frappé de cette circonstance. Je dois déclarer que cela me paraît étrange, car mes amis n'avaient aucun sujet de s'alarmer dans mon intérêt de la présence et de la déposition de M. Liez.

Arnal, professeur de 7e, ne reconnaît pas l'écriture ; il croit, sans en être certain et sans pouvoir en donner l'assurance, que cette écriture est passée sous ses yeux. Il en a un souvenir très confus.

Gros, professeur, ne fournit aucun éclaircissement. Il ne reconnaît ni les mots ni l'écriture.

Thirel, conducteur de Noyon, déclare que Benoist est parti le 19, parce qu'il n'a pu avoir de place pour le lendemain.

Danloz, marchand d'estampes. Je connais M. Benoist. Le 19 novembre, vers deux heures, M. Benoist est passé *seul* près de mon étalage. Il a choisi des estampes après cela, il a appelé le marchand. Je me suis approché. Je lui ai vendu des gravures. Il a voulu me payer. N'ayant pas de monnaie, il m'a remis une pièce d'or de 40 fr. Je suis monté chez moi et lui ai rendu ce qui lui revenait. Il me dit, je repasserai demain. Effectivement il repassa et m'acheta deux autres gravures. — D. Etes-vous bien sûr que c'était le 19 novembre, à 2 heures ? — R. Oui, monsieur. — D. Dans votre première déposition vous avez dit que vous n'en étiez pas sûr. — R. La première fois que j'ai déposé, je n'en étais pas sûr, cela est vrai ; mais depuis, j'ai réfléchi, j'ai rappelé mes idées, j'ai pris des renseignemens sur les lieux, je n'ai plus de doute à cet égard, je puis affirmer que c'est le 19 novembre.

Fille *Clairenson*, artiste dramatique, âgée de 76 ans. Le 19 novembre j'étais chez M. Benoist père, que je connais et que je vois à raison de voisinage. Il était deux heures et demie environ lorsque M. Benoist fils entra portant dans sa main des papiers roulés. Il dit que c'était des estampes qu'il avait achetées pour un de ses amis de Chauny ; il dit aussi qu'il était arrivé le même jour de Chauny et qu'il avait subi l'examen préalable au baccalauréat.

Le Procureur général. Benoist, vous avez dit cependant que vous aviez subi cet examen le 15 ?

Benoist. Eh bien, oui ! mais je ne l'ai dit à mon père que le 19. Il n'y a pas là de contradiction.

Me Moulin. Messieurs, il est établi par la déposition du sieur Danloz

que Benoist lui a acheté des estampes à deux heures environ. Il affirme
en être bien sûr... Mlle Clairenson établit aussi par son témoignage
que Benoist en rentrant chez son père tenait dans sa main des estampes ; ce qui confirme la déclaration de Benoist et la déposition de Danloz. A qui le procureur général espère-t-il persuader que Benoist, s'il
eût été préoccupé de l'attentat, se fût amusé à acheter des estampes ?
ridicule accusation !

Le Procureur général cherche à établir des contradictions dans les
divers témoignages à cet égard. (Malgré la défense de M. Persil, l'auditoire se laisse aller à des rires d'incrédulité.) La déposition de Janety,
s'écrie-t-il, a été pleinement justifiée.

Me Joly. Est-ce par les dénégations de tous les témoins qui ont été
entendus sur les prétendus faits qu'il a exposés ?

Le Procureur général. Vous ne contesterez pas que Benoist ne fût
sur le Pont-Royal au moment du coup de pistolet ?

Me Joly. Messieurs, Benoist n'a jamais nié ce fait, il l'avoue ; il déclare même qu'il a vu partir le coup, qu'il était placé à une distance de
dix pas de *l'individu* qui s'est chargé de cette mission, que je quali-
fierai plus tard ; il ajoute qu'entraîné par la foule qui criait *vive le roi*
lui aussi a crié *vive le roi !* On parle de la déposition de *Janety !* Messieurs, est-il possible qu'on ajoute foi à sa déposition, remarquable
par une invraisemblance absolue ? Je ne parle pas de sa moralité, je
réserve cette question pour la discussion des débats. Les témoins en
disent assez quant à présent ! Mais je vous le demande, est-il croyable, est-il possible que Benoist qui ne connaissait pas Janety, qui ne
connaissait pas Planel, qui n'avait jamais vu ni l'un ni l'autre, ait
abordé ces deux jeunes gens, et leur ait raconté les faits les plus
extraordinaires, des faits dont la preuve mettait en péril, devait
faire tomber sur l'échafaud la tête de son intime ami ! Quelle garantie
offre donc Janety en faveur de son témoignage ? Planel nie avec force
lui avoir tenu les propos qu'il avance : il nie même l'avoir rencontré
ce jour-là. Nous avons parlé d'une main invisible qui dirige le témoin
Janety, elle apparaîtra ! Alors vous apprécierez l'accusation qui déjà
croule de toutes parts. (Adhésion.)

Groseiller, de Noyon. Il fait l'éloge de Benoist. Il déclare qu'il a
remarqué son exactitude dans le service de la garde nationale. Il parle
de son dévoûment généreux lors de l'invasion du choléra. C'est un
jeune homme estimable sous tous les rapports, dit-il.

Le Président. N'avez-vous pas dit à M. de Reusse que lorsqu'on apprit
à Chauny l'événement du Pont-Royal, on disait publiquement que
Benoist, qui avait une mauvaise tête, et qui était précisément parti
le 19, aurait bien pu se laisser entraîner dans cette affaire ?—R. Non ,
monsieur, je n'ai pas dit cela.

M. de Reusse. est appelé. Il déclare que le témoin lui a dit quelque
chose *d'approchant.*

M. Groseiller. Quand j'ai vu M. de Reusse, mon fils était à l'agonie.
Je ne pense pas avoir parlé ainsi à M. de Reusse ; mais puisque M. de
Reusse l'affirme, je dois déclarer que l'état de mon enfant me préoccu-

pait beaucoup trop pour que je pusse m'expliquer justement sur le compte de M. Benoist. Il est vrai qu'il est connu par ses idées de républicanisme.

————

Le Président. Nous allons commencer l'audition des témoins à décharge, celle des témoins à charge étant épuisée.

M⁰. Moulin. réclame préalablement l'audition des témoins appelés en vertu du pouvoir discrétionnaire. Le Président adhère à cette observation.

Gonthier, étudiant en médecine est introduit.

M⁰. Moulin. demande si le témoin a entendu une conversation entre Janety et madame Édouard.—R. Je n'ai pas assisté à une conversation, mais j'étais présent lorsque Janety jeune a remis une note à son frère. On appelle Janety aîné; il est absent.

Le Procureur général. Je suis informé que ce témoin ne reste pas à l'audience parce qu'on lui fait des menaces. Nous requérons que Janety soit mandé devant M. le président, et qu'il lui intime l'ordre de rester dans la salle.

M⁰ Joly. Je crois devoir protester contre les renseignemens dénoncés par M. le procureur général; ce n'est pas pour les témoins à charge que les rigueurs sont à craindre, mais bien plutôt contre ceux qui déposent en faveur de la défense. Déjà trois personnes ont été arrêtées sur les dénonciations du nommé Collet, dont on appréciera la moralité. En supposant même qu'il ait dit la vérité, n'était-il pas plus convenable d'attendre la fin des débats, de peur d'exercer sur les témoins une influence fâcheuse? Quoi qu'il en soit, MM. les jurés sentiront de quel côté se trouve ici l'observation des mesures de loyauté, de prudence et de respect pour tous les témoins.

Le Procureur général. Collet s'est plaint à l'audience d'avoir été menacé par Giroux et Milon. J'ai envoyé le procès-verbal à M. le procureur du roi, et dans ce même moment le même Collet a été se plaindre d'avoir été menacé par Billard. Ces trois personnes ont été aussitôt arrêtées, la justice informe.

M⁰. Joly. Il nous importe assez peu que l'accusation ait telle ou telle conséquence; ce qui nous importe, c'est de faire remarquer, comme je l'ai déjà fait, que trois témoins à décharge ont été arrêtés sur la seule plainte d'un homme dont la déposition a été infirmée déjà par plusieurs témoignages, et recevra encore de nouveaux démentis.

Le Procureur général. Nous verrons bien.

M⁰. Joly. Vous verrez, si vous voulez voir.

Veuve Lacroix. Je reconnais le fusil que vous me présentez; je l'ai vu dans ma boutique, près du comptoir, pendant deux ou trois jours; Billard l'avait apporté. On l'a trouvé derrière des boîtes à thé. J'avais donné ordre de le placer à cet endroit, pour qu'un enfant du voisinage, qui venait s'en amuser, ne pût pas se faire du mal avec. M. Bergeron est venu voir M. Billard; c'est moi qui lui ai appris que celui-ci était arrêté.

Dupré (Jean-François). Je connais de vue les accusés. Collet, arrivant de Pélagie, m'a dit qu'il avait été maltraité par le juge d'instruction, qui voulait le forcer à dire ce qu'il ne voulait et ne pouvait pas dire; qu'on l'avait menacé de le jeter au cachot.

Collet. Il est vrai que j'ai rapporté à M. Dupré ce qui s'était passé entre M. le juge d'instruction et moi. Je ne lui ai pas parlé de cachot, puisque je n'y suis pas allé, et que j'étais au dépôt. — Dupré persiste dans sa déposition.

Collet. Qui a fait la lettre que j'ai adressée à *la Tribune*?

Dupré. C'est vous, monsieur Collet. Vous étiez dans votre lit, et vous écriviez cette lettre.

M. Joly. Collet a-t-il écrit une seconde lettre à *la Tribune* le 29 décembre?

Collet. Oui, monsieur. Un commissaire de police alla saisir la première lettre; *la Tribune* parla de cette mesure : alors j'en écrivis une seconde pour confirmer les faits contenus dans *la Tribune*. Je l'ai écrite sans y être contraint, de mon propre mouvement. — M⁰. Joly lit cette lettre.

Le procureur général. Je ferai remarquer à MM. les jurés la contexture de cette lettre ainsi que de la première; ils jugeront si c'est Collet ou bien le rédacteur de *la Tribune* qui l'a écrite. (Murmures).

M⁰. Joly. Messieurs, il suffit de constater que Collet, qui a désavoué la première lettre, qui a affirmé n'en être pas l'auteur, mais seulement l'avoir écrite malgré lui; il suffit, dis-je, de constater que Collet avoue avoir écrit cette seconde lettre de son propre mouvement; et cette lettre confirme les faits énoncés dans la première. — C'en est assez. (Assentiment).

M. Victor Basière, chansonnier républicain. Lorsque Collet est arrivé à Sainte-Pélagie, il était bien mal dans ses affaires, et nous lui avons donné une chemise et 20 sous. Quand il fut revenu de l'instruction, il était comme un fou : « Ce sont des gueux ! il faudrait tous les pendre! » Il nomma même les personnes : Gisquet, Philippe, Persil... (Hilarité générale). On lui demanda pourquoi il était ainsi : alors il avoua que dans le cabinet du juge d'instruction on lui avait fait dire le contraire de la vérité, et qu'on avait usé de violence à son égard. — Collet est rappelé et nie tout. — Basière persiste.

Le Président à Basière. Etes-vous condamné pour délit politique. R. — Oui, à 15 mois de prison et 500 fr. d'amende, pour une chanson ! — Le témoin se tourne ensuite vers Collet, auquel il témoigne un profond mépris.

M. Laronde, demeurant à Sainte-Pélagie.

Le Président. Pourquoi avez-vous été condamné? — R. *pour n'avoir pas réussi en juin!* (Mouvement.) — D. Quelle est votre profession? — R. lieutenant d'infanterie. — Déposez. — Collet arrivant du dépôt nous raconta qu'il avait été mené devant le juge d'instruction qui l'avait maltraité d'une manière horrible; il ajouta que le Palais de Justice était pire que le tribunal de l'inquisition en Espagne; qu'on l'avait menacé

de lui mettre les fers aux mains et aux pieds et de le jeter au cachot ;
pour le forcer à mentir. Mais, dit-il, je m'en vengerai ; j'écrirai à *la
Tribune* ; dès demain je réparerai ma faute: tu verras. J'ai vu Collet
composant la lettre qu'il avait annoncé la veille vouloir écrire à *la Tribune*. Il était sur son lit. — Collet nie.

M° Joly fait observer que Collet n'est pas mémoratif, puisqu'il a
avoué tout-à-l'heure avoir écrit une lettre à *la Tribune* de sa propre
impulsion.

Le Procureur général. Il veut parler de la seconde.

M° Joly. Eh bien! la seconde confirme le fait contenu dans la première. —On appelle le sieur Levayer.

Le Président. Vous n'avez pas usé de violence envers le témoin pour
qu'il écrivît cette lettre? — R. Ce n'est pas possible ; à Sainte-Pélagie
tout le monde est libre. (Hilarité générale et prolongée.)—D. Etes-vous
détenu ? — R. Oui, monsieur. — D. Etes-vous condamné ? — R. Oui
— D. Pourquoi? — R. *Pour avoir été assassiné par un sergent-de-ville*,
le 5 mai, à la place Vendôme. (Vive sensation.) — Il témoigne des
mêmes faits que le précédent témoin.—On appelle de nouveaux Collet,
qui persiste dans ses dénégations.

Levayer déclare qu'avant de partir pour l'instruction, Collet était
sans le sou , et qu'ensuite il avait de l'argent. — Collet nie.

Levayer. Vous aviez de l'argent, vous dis-je!

Collet. Comment le savez-vous?

Levayer. Je l'ai vu.

Le témoin Guadet ne sait rien sur les faits du procès.

M° Moulin. Le témoin n'était-il pas dans la maison de santé de Dufresnoy? — R. Oui, et j'y ai vu M. Bergeron une ou deux fois. — D. Y
a-t-il tiré le pistolet?—R. Oui, une fois seulement.—D. Etait-ce à une
époque rapprochée du 19 novembre? —R. Vers le 12. — D. Avec
qui était-il? — R. Avec un autre jeune homme. — D. Avez-vous remarqué le pistolet?—R. Non. — D. Y avait-il chez M. Dufresnoy un nommé
Daniès? — R. Oui. — D. Etait-il au jardin quand on tirait le pistolet?
—R. Non, monsieur. — D. Daniès a-t-il exprimé une opinon sur l'attentat du 19 novembre?—R. Oui, monsieur, M. Daniès prétendait
que c'était un coup de la police, il l'a dit plusieurs fois, et trois jours
après, en sortant de table, il paria un déjeuner que c'était un coup de
la police, et offrit de parier 100 francs contre 5 francs avec moi. Plus
tard je rencontrai M. Daniès, et nous causâmes de cette affaire encore.
Il me dit qu'il était cité et qu'il en était bien fâché. — On envoie chercher le témoin Daniès.

M° Moulin. Quel souvenir M. Danies a-t-il laissé dans la maison de
santé?—R. La manière dont il en est sorti n'est pas en sa faveur. Il a dé-
bauché un domestique de la maison; et puis il l'a renvoyé de chez lui
sans le payer. (Sensation.)

Ridoux. Je ne sais rien sur le procès. Je suis à la maison de santé de
madame Dufresnoy, où j'ai vu M. Daniès. Le jour où l'on a reçu l'acte
d'accusation, nous en avons parlé. M. Daniès nous a dit : Je suis sûr
que c'est un coup de la police. Le gouvernement a monté ce coup-là

pour terrasser le parti républicain et pour proposer des lois anti-libérales aux chambres. Je parie 100 francs contre 100 sous qu'il sera prouvé que c'est la police. Il lut lui-même l'acte d'accusation, et dit que c'était une pitié.

M° Moulin. Vous vous souviendrez, MM. les jurés, que Daniès, interrogé par M. le président s'il connaissait l'acte d'accusation, a affirmé que non. Deux témoins déjà affirment le contraire. Vous remarquerez en outre que l'acte d'accusation a été publié le 30 janvier, et que M. Daniès n'a été appelé et n'a déposé que le 10 février. Il avait eu le temps d'apprendre par cœur ce qu'il voulait dire...

M. Ridoux ajoute que M. Daniès a laissé des souvenirs très-défavorables dans la maison de santé; qu'il déplaisait à tout le monde par les propos grossiers et indécens qu'il proférait, même en présence des dames, sans se gêner en rien. Puis il débaucha un domestique, qu'il renvoya huit jours après sans le payer.

Le témoin Clergé. — M. le président l'interroge. Avez-vous demeuré dans la maison Dufresnoy? — R. Oui. — D. Avez-vous connu l'accusé Bergeron? — Il est venu tirer le pistolet deux fois dans le jardin. — D. Avez-vous connu M. Daniès dans la maison de santé? — R. Oui. — D. Etait-il dans ce jardin quand Bergeron a tiré le pistolet? — R. Non, monsieur. J'ai été tout le temps avec M. Bergeron; et je peux déclarer positivement que M. Daniès était alors dans la salle à manger. — D. Avez-vous connaissance de l'acte d'accusation? — R. Je l'ai lu chez moi : mais j'ai entendu dire que chez madame Dufresnoy, M. Daniès avait lu cet acte d'accusation et qu'il avait fait des commentaires.

D. Vous persistez à dire que Daniès n'était pas au jardin? — R. Je l'affirme de la manière la plus positive. — D. Quel jour était-ce? — R. Le 11 novembre. — D. A quelle heure? — R. Vers 10 heures du matin. — D. Le petit Dufresnoy était-il à la maison? — R. Madame Dufresnoy a deux enfans, ils étaient absens tous les deux. L'un est en pension à Auteuil; et son frère avait été le chercher ce jour-là. Il y avait dans le jardin un petit enfant estropié, appelé Thoddule Pigeon. Mais si M. Daniès a déclaré qu'il a vu ce pistolet, il n'a pas dit vrai; car il n'a pas même été dans le jardin. — D. Mais c'était peut-être un autre jour? — Non, monsieur, car on ne tirait le pistolet que le matin, et je ne suis jamais sorti de la maison avant trois heures. Encore, était-ce pour jouer au billard, et M. Daniès était toujours avec moi. — D. Ainsi vous persistez à dire qu'il ne peut pas y avoir d'équivoque sur le jour? — R. Oui, monsieur. (Vive sensation.)

Carteron, médecin interne dans la maison de santé de madame Dufresnoy. Je connais M. Bergeron. J'étais dans la maison de santé lorsque M. Daniès parlait de l'événement du Pont-Royal, et soutenait que c'était un coup de police. Il disait entre autres choses que mademoiselle Boury en imposait; que c'était un coup monté par le gouvernement pour influencer les chambres. M. Guadet lui répondit que cela n'était pas possible. Je parie 100 fr. contre 5 fr., reprit Daniès Personne ne voulut faire ce pari. Plus tard nous reçûmes l'acte d'accusation, qui fut lu par M. Daniès, qui y fit des commentaires en riant; il disait que mademoiselle Boùry est... etc. M. Bergeron est venu deux fois tirer le pistolet avec un autre jeune homme. Ses pistolets étaient d'une longueur de dix pouces environ, et se chargeaient avec une baguette. Je n'ai pas remarqué s'ils étaient à vis.

Nous avons tous eu à nous plaindre, dans la maison de santé, de nos rapports avec M. Daniès : il se montrait grossier envers tout le monde, même envers les dames ; il ne se gênait nullement dans le choix des expressions. Il débaucha un domestique qui le suivit lorsqu'il quitta l'établissement; mais huit jours après il le renvoya *sans le payer*, nous a-t-on dit.

. On appelle le témoin *Robert*. J'étais de retour à Paris lorsque je reçus la visite de Bergeron la veille de l'ouverture des chambres. Je lui demandai s'il voulait venir me prendre pour voir le cortège. Il me répondit : Je n'irai pas. J'y fus avec un autre ami qui est M. Flamandier. J'ai entendu la détonation, j'ai vu le groupe, mais je n'ai pas vu Bergeron. Il n'y était pas, car j'étais en face de l'endroit où a été tiré le coup, et je suis bien certain que Bergeron n'y était pas.

M⁰ Moulin. Madame, Philippe, sœur aînée de Janety, avait été citée à notre requête : elle nous écrit que par des motifs de délicatesse elle désire n'être pas entendue, mais qu'elle persiste dans sa déposition écrite.

M⁰ Moulin lit la déposition de laquelle il résulte que Janety aîné est fou et léger, et que, si on l'avait voulu croire, il aurait été lui-même l'assassin.

Au moment où le témoin *Garnault* se présente, M⁰ Moulin se lève et dit : Nous avions fait citer ce témoin pour déposer de la véracité de son neveu Janety aîné ; mais par des raisons de convenance nous renonçons à son audition.

Le Procureur général. Eh bien, je profiterai de sa présence pour l'interroger.

Garnault, oncle de Janety, dépose : Janety aîné mène une mauvaise conduite ; Janety jeune s'est toujours comporté de manière que nous n'avons qu'à nous louer de lui. Les relations de Janety aîné, ses fréquentations, nous ont engagé à le faire enrôler.

M⁰. Joly. Je demanderai à M. Garnault si son neveu, l'aîné, subit l'influence de la femme Edouard au point de se laisser illusionner par les assurances que lui donnerait cette femme dangereuse, de croire que ce qu'elle lui dirait est vrai et de le répéter comme tel.

M. Garnault. Je ne crois pas que cette influence aille jusqu'à lui faire commettre un acte contraire à l'honneur; mais cette femme a tout fait pour l'empêcher de partir et pour l'éloigner de sa famille. Mais Janety jeune est doué de beaucoup de générosité ; il a beaucoup de grandeur d'âme : il est incapable, même pour sauver un ami, de faire une déposition qui ne serait pas conforme à la vérité sous tous les rapports. Je le répète, nous n'avons eu qu'à nous féliciter de son excellente conduite.

Le Président. Vous rendez tout hommage aux sentimens de l'un et de l'autre.

M⁰ Joly. Sans doute, messieurs, vous comprenez la position et les devoirs d'un oncle. Comme je vous le disais hier, vous sentez qu'il ne peut pas, sans déshonorer son neveu Janety aîné, déshonneur qui retomberait sur sa famille, venir déposer et affirmer que ce jeune homme peut prêter un faux serment, faire une fausse déposition pour envoyer à l'échafaud Bergeron, qui fut son ami; ce serait chose infame. Mais le témoin s'exprime assez clairement lorsqu'il dit que Janety jeune est d'un caractère franc, élevé, d'une générosité à toute épreuve, et qu'il est incapable de blesser en quoi que ce soit la vérité, même alors qu'il s'agirait de sauver la vie d'un ami intime.

Le Président. En effet, messieurs les jurés doivent apprécier la parenté de l'oncle et du neveu. Les défenseurs pourront insister sur ce point dans la discussion, s'ils le jugent convenable. — Janety aîné est présent. On l'appelle.

Le Président. Pourquoi vous êtes-vous absenté? — R. Je n'ai pu arriver plus tôt. Hier, madame Edouard s'est trouvée mal et j'ai été obligé de rester avec elle. (On remarque que le témoin ne dit pas un mot des prétendues menaces dont a parlé M. le procureur général.)

Le témoin *Gonthier* est appelé. — J'ai été chez Janety aîné avec son frère; on lui a remis une note, mais on ne lui a fait aucune menace d'aucune sorte.

Le Procureur général. Dans quelle rue cela s'est-il passé? — R. Rue de l'Abbaye. — Janety est confronté avec le témoin. Il déclare que ce témoin était avec son frère. Janety jeune est appelé. On lui demande s'il a été chez madame Edouard. Il rappelle qu'il a été en effet chez cette femme, mais avec une personne qu'il ne connaît pas ou plutôt qu'il ne veut pas désigner. Je me portais là, dit Janety jeune, comme intermédiaire pour empêcher que les querelles ne s'envenimassent.

Le Président. On adressa donc des menaces à Janety aîné? — Non, monsieur, pas une menace, mais on lui fit les plus vifs reproches.

Le Président. Janety aîné, qu'avez-vous à répondre. — R. Cela est vrai.

Le Procureur général. Janety jeune a déclaré que le jeune homme avec lequel il avait été chez madame Edouard était Gonthier Sainte-Jeme. — R. Non, monsieur; vous avez confondu tous les faits, et je vais les rétablir. Il y a eu deux circonstances: la première lorsque j'allai chez mon frère; cette fois-là, j'étais avec Gonthier; l'autre fois, j'étais avec une autre personne que je ne peux pas désigner : c'est avec celle-là qu'eut lieu la scène dont il est question. — *Le procureur général.* Messieurs les jurés se rappelleront que Janety jeune a déclaré qu'il était avec Gonthier quand on a dit à son frère: *Tu perds le parti.* — *Janety jeune.* Monsieur, c'est une erreur. Je n'ai pas parlé de Gonthier à propos de la seconde entrevue, mais à propos de la première.

Ici une longue discussion s'élève entre Janety aîné et Janety jeune. Celui-ci persiste à déclarer que son frère a des habitudes de mensonge. Janety aîné n'est occupé que de madame Edouard, dont il peint les tourmens depuis hier. Cette révélation donne lieu à un débat fort animé. — *Mauduy* est appelé.

Le Président. Savez-vous pourquoi vous avez été appelé ? R. Pour déposer sur la moralité de Janety aîné. — D. Qui vous l'a dit ? — R. Je l'ai imaginé, parce que je ne connais ni Bergeron ni Benoist ; je ne connais que Janety aîné, dont il a été question dans les débats.

M. Moulin. Hier, j'ai voulu demander une chose semblable à M.*** ; le procureur-général s'y est opposé. Je m'oppose également à la position de la question.

Le Président. C'est vrai.

Le témoin. J'étais très lié avec Janety jusqu'à ce qu'il a violé un dépôt de lettres que je lui avais confié. Il est hableur, menteur et vantard.

Le Président. Le croyez-vous capable de prêter un faux serment en justice dans une affaire criminelle, et de dire coupable celui qu'il saurait innocent ? — R. Je n'en sais rien. Je ne l'ai jamais vu en pareille occasion.... c'est la première fois qu'il dépose ; vous aurez à l'apprécier. Ce que je sais, c'est qu'il est menteur, et reconnu pour tel par nos amis communs.

Janety aîné dit que le témoin appelé contre lui est son ennemi depuis qu'ils ont eu un duel ensemble.

Mauduy. Un duel où vous vous êtes conduit peu honorablement.

Daniès est présent : on l'appelle. M. le président lui fait part de la déposition de plusieurs témoins qui ont contrarié sa déposition. Le témoin Guadet est confronté le premier.

Daniès dit qu'il est descendu dans le jardin de madame Dufresnoy, mais peu de temps. (Ah !) Interrogé sur la manière dont il a apprécié l'événement du 19 novembre, il avoue que dans le commencement il a pu avoir l'opinion que c'était la police. — D. Avez-vous lu l'acte d'accusation ? — R. Non, monsieur.

Le témoin Guadet. Cet homme l'a lu positivement.

Daniès. Ma mémoire ne me le rappelle pas. (Mouvement.)

Guadet. Vous l'avez lu, et vous avez dit que c'était un coup monté de la police ; et que mademoiselle Boury était une..... enfin.... (On rit.)

Daniès. Je ferai observer que cela n'a tiré à aucune conséquence.

M. Moulin. Il y en a au contraire une fort grande, et qui rejaillit sur toute votre déposition.

On fait approcher le témoin *Rideau.* Il affirme que ce témoin a parié 100 francs contre 5 francs que c'était un coup de police.

Daniès. C'est possible.

Le témoin *Clergé,* confronté à son tour, soutient que M. Daniès n'était pas du tout dans le jardin quand Bergeron a tiré.

Le témoin Daniès est confondu. Les avocats n'insistent même plus pour faire pousser plus loin cette confrontation. (Mouvement de satisfaction dans l'auditoire. M. Persil cache sa tête dans sa main.)

La dame Fabre, âgée de 44 ans, employée à la *Gazette de France,* ne connaît pas les accusés, ne sait rien de positif sur l'affaire du Pont-Royal : Le 19 novembre, j'étais dans les bureaux de la *Gazette.* Je connais M. Fontaine ; il est venu acheter des journaux avec un jeune homme : il a retenu six *Gazettes.* Je ne saurais reconnaître si le jeune ohmme qui l'accompagnait est M. Bergeron.

François Jean, peintre, âgé de 33 ans. Le jour de l'ouverture des chambres j'étais placé dans la cour des Tuileries, à l'extrémité de la terrasse. Soit que le bruit, l'éloignement, l'inattention peut-être, m'empêchassent d'entendre, je n'eus point connaissance pour l'instant de l'attentat *en question*. De là j'allai à l'estaminet du Phénix au Palais-Royal, et peu de temps après arrivèrent M. Bergeron, que je n'avais jamais vu, et M. Fontaine que je connaissais particulièrement. Étonné de voir ce dernier au café à une heure inaccoutumée, il me dit qu'il avait déjeuné avec M. Bergeron, et qu'il était allé au bureau de la *Gazette de France*, mais que le tirage n'était pas fait et qu'il y retournerait plus tard. Je pris le café avec ces messieurs. Pendant une heure que nous restâmes ensemble, la conversation roula sur les sujets les plus frivoles, et ne fut qu'une suite de plaisanteries entièrement étrangères à la politique. Je n'ai point observé dans M. Bergeron l'inquiétude, le trouble, l'agitation qu'il aurait nécessairement éprouvés s'il avait participé à cet événement.

Le Président. Comment était-il vêtu ? — R. Il portait un habit noir, pantalon noir ; je craindrais de me tromper en désignant la couleur ou la forme de son gilet.

Dalmas. Le 19 novembre je ne suis pas sorti de la maison, café du Phénix, au Palais-Royal. M. Fontaine et M. Bergeron y sont venus vers les trois heures. On parlait à la maison du coup de pistolet ; personne n'y croyait, on en plaisantait beaucoup.

M° Moulin. Je vous prie de remarquer la progression et la parfaite harmonie des dépositions. Sept témoins désormais établissent l'alibi d'une manière formelle. M. Fontaine, sa femme et mademoiselle Doussot déclarent qu'il a déjeuné avec eux ; vient ensuite la dame Fabre, qui affirme qu'ils ont été à la *Gazette de France*. Enfin M. Dalmas, qui les a vus à son café vers trois heures. Tout ce que Bergeron a avancé est donc complètement justifié. Il est impossible de tenir à cette lumière. (Assentiment.)

Alix, rue de Vaugirard, instituteur chez M. de Reusse. Pendant l'instruction relative à cette affaire, je vis le frère de Bergeron conversant avec Janety. Celui-ci disait : Ils m'ont embrouillé par une foule de questions ; ils m'ont menacé de me mettre au secret et au cachot. Dans la crainte de subir l'effet de leurs menaces, j'ai dit tout ce qu'ils ont voulu. Ils m'ont tenu sur une jambe pendant trois heures. Ils m'ont tellement intimidé, que j'ai avoué que je me trouvais en même temps sur le Pont-Royal et sur le Pont-Neuf. Je lui dis alors : Mais ce n'est pas bien ; vous ne devez pas tromper la justice. Il me répondit : Il est vrai que j'aurais dû résister, mais ils m'ont si cruellement maltraité ! Il ajouta : Tout ce que je crains, c'est d'avoir compromis Bergeron en disant des bêtises. Je repris : Mais, dans ce cas, vous avez commis une faute grave, et vous devez vous rétracter. Certes, répondit-il ; mais c'est signé : comment pourrai-je y parvenir ?

Janety, confronté avec M. Alix, le reconnaît, mais nie les circonstances rapportées par le témoin.

Le témoin avec énergie. J'affirme sur l'honneur! je persiste, je persisterai toujours; c'est l'exacte vérité. Je parais devant une cour d'assises pour la première fois : je ne viendrais pas m'y parjurer.

Janety jeune. Mon frère s'est plaint à moi-même qu'on l'avait maltraité chez le juge d'instruction, et qu'on lui avait fait cracher le sang. (A son frère.) As-tu craché le sang, ou as-tu menti?

Janety aîné. C'est vrai. Il est facile de cracher le sang, quand on a une poitrine faible. Le témoin Alix a menti.

Le Procureur général à Alix. Vous êtes l'ami de Bergeron?—R. Oui, monsieur, car tout le monde l'aime.—D. N'avez-vous pas été l'intermédiaire entre lui et une personne?—R. Oui, monsieur.

Le Procureur général faisant passer un papier à Bergeron. Est-ce votre écriture?

Bergeron examinant ce papier. Oui, monsieur.

Le Procureur général raconte ici comment ce papier se trouve au dossier : il était adressé de la Conciergerie, par la poste, à M. Alix, pour remettre à M. A. L'adresse étant incomplète, l'administration des postes décacheta la lettre pour savoir par qui elle était écrite; elle retourna donc naturellement à Bergeron; mais, aux termes des réglemens sur l'intérieur des prisons, elle fut remise à M. le préfet de police, qui la transmit au parquet.

Me Joly. C'est dans une cause grave de sa nature qu'il faut surtout maintenir les principes. Dans cette affaire, on a plusieurs fois violé la loi. On a entendu M. Bergeron frère contre son frère, la femme de Benoist contre son mari. Aujourd'hui on présente une lettre décachetée, lettre de l'accusé, dont on veut faire une accusation contre lui. Il ne la connaît pas, je ne veux pas la connaître, cette lettre! Mais c'est au nom de la morale publique que je m'oppose à la lecture de ce qu'on nous représente. Il faut que l'accusation puise dans les moyens légaux toutes ses ressources; mais qu'elle aille fouiller dans l'intimité des secrets de famille ou dans l'épanchement de l'amitié, c'est là, messieurs, une chose intolérable, et que la conscience des honnêtes gens repousse. Nous sommes assez avancés en civilisation pour que nous n'ayons plus que du dégoût à la vue de ces tristes expédiens contre lesquels je proteste au nom de la moralité publique. Ce sentiment, vous l'avez tous éprouvé comme moi, et c'est pour y obéir que j'ai pris la parole; car Bergeron ne s'oppose en aucune manière à ce qu'on lise cette lettre. (Vive sensation.)

Bergeron. Non seulement je ne m'oppose pas à ce que la lettre soit lue, mais je le demande; car, puisque la police a envoyé ce document à M. le procureur général comme une chose de haute gravité, il est utile que MM. les jurés soient fixés sur cette grande importance.

Le Président. Personne ne s'oppose à la lecture; je m'en vais la faire.

« Monsieur, j'ai reçu avec un plaisir infini la lettre que vous avez eu la bonté de m'adresser. La sympathie que vous me témoignez est bien précieuse pour moi, et je vous renouvelle l'assurance de faire tous mes efforts pour la justifier. Vous savez sans doute ce qui a motivé la remise de mon affaire. M. Joly était dans l'impossibilité de plaider, n'ayant pas encore pris connaissance de toutes les pièces. Il ne mettait pas en doute mon acquittement; mais il ne pouvait, pris ainsi au dépourvu, en tirer tout le parti qu'il en espérait. Mon volumineux dossier est devenu une mine féconde à exploiter en faveur de notre religi n'politique. Dans cette conjoncture, j'ai dû imposer silence à l'intérêt personnel, qui me disait : Plus de retard, et je me suis résigné à prolonger d'un mois ma captivité. Je suis vivement affligé que ce délai si inopiné ait rendu vaines les démarches que vous avez bien voulu faire auprès du jury; car je sais que vous n'êtes pas resté inactif. C'est pour moi un motif de plus de reconnaissance; et je le saisis avec joie, car la reconnaissance est douce à mon cœur. M° Moulin, défenseur de Benoist, qui nous montre beaucoup de dévoûment, est comme vous assuré de la bienveillance toute fraternelle des rédacteurs du *National,* et surtout de M. Ch., que je vous prie de remercier en mon nom. La prévention que l'on m'avait inspirée à cet égard, vous m'avez rendu service en la dissipant.

« Recevez, etc.   « L. BERGERON.

« La Conciergerie, mardi soir.

« Je vous fais passer le discours que j'avais baclé pour le 11 dernier. Je réclame votre censure franche et implacable. Pour lever tous vos scrupules, je prends l'engagement de ne déférer à vos critiques qu'autant que j'en concevrai fermement l'opportunité. Ne l'examinez point sous le rapport littéraire, vous auriez trop à faire. J'ai cru devoir laisser entièrement de côté la discussion matérielle. Je ne vous engage pas à nous venir visiter, persuadé que ce n'est pas le bon vouloir qui vous manque. Puissiez-vous en avoir bientôt la possibilité ! » (La lecture de cette lettre est suivie d'une vive agitation dans l'auditoire.)

Le Procureur général paraît confus et il dit : Nous avons voulu constater les rapports de M. Alix avec Bergeron.

M° Joly. Constater quoi ? leur amitié ? mais c'est un fait constant et qui fait autant d'honneur à l'un qu'à l'autre.

M. Herpin. Je connais Bergeron. Je suis depuis huit ans dans l'institution de M. de Reusse; Bergeron y était avant moi; il a été mon élève, mon collaborateur et mon ami; j'ai toujours rendu hommage à la bonté de son cœur et à l'élévation de ses sentimens; j'ai toujours apprécié sa bonne conduite : mon estime pour lui est très grande, et l'amitié qu'il m'a inspirée n'est pas diminuée par la divergence de nos opinions politiques. Il est homme d'honneur et n'a jamais manifesté des principes exagérés.

Le 19 novembre, matin et soir, il était vêtu en habit noir, j'en suis sûr. Depuis plusieurs jours, à cette époque, je remarquai qu'il portait le même costume. Il y avait plus de quinze jours que je ne l'avais vu en redingote; je puis l'affirmer.

M. Alix est un homme d'honneur, incapable d'en imposer : il me dit un jour qu'il venait du Palais de Justice, qu'il avait vu un jeune homme qui lui avait avoué que, contraint par les violences et les mauvais traite-

mens, il avait déposé d'une manière défavorable à Bergeron, et que
par conséquent il avait menti.

M. de Reusse appelé, affirme que MM. Herpin et Alix, professeurs
dans son institution, sont deux hommes d'honneur ! qu'il lui appartient de leur rendre hommage.

Le témoin *Poisson.* Le nommé Collet, en septembre, me dit : Poisson, j'ai deux mots à te dire. On parle de tirer un coup de pistolet à
Louis-Philippe; toi, qui es tout petit, tu pourras te faufiler dans la
foule, et faire le coup. Alors je lui réponds : Je suis républicain, mais
je ne suis pas un lâche assassin. (Bravo !) Cantineau aussi un jour vint
chez moi; il se met à dire : Oh ! je ne mourrai jamais de faim, moi.—
Tu as donc des moyens, lui dis-je ? — Des moyens ! mais quand ce ne
serait que d'aller assassiner un homme sur la grande route!. «Ah!. bien,
me dit une personne qui était là, si vous avez des connaissances de
ce genre, vous ferez aussi bien de ne plus les voir.» Ce sont deux ca-
nailles qui ont eu l'infamie de me calomnier ensuite, en disant que c'é-
tait moi qui avais dénigré MM. Bergeron et Benoist que je n'ai pas
connus.

Le Président au témoin *Moreau.* Vous êtes arquebusier ? — R. Oui,
monsieur; on m'a demandé si j'avais vendu les pistolets. J'ai répondu
que ces pistolets avaient été fabriqués à Liége, et qu'il est impossible
de faire du mal avec ces pistolets, si on ne tirait pas à bout portant. Le
témoin prend un de ces pistolets et dit : Je suis arquebusier : eh
bien! d'ici, je ne pourrais pas être sûr de toucher ce carré (il indique
un carré qui se trouve à cinq pas de distance).

Le Président fait appeler le témoin Lepage, qui est absent de l'audience.

Moreau reprend : M. Lepage ne pourrait pas dire autre chose. Ces
pistolets sont vulgairement appelés coup de poing; on est obligé de les
tirer à bout portant.

Stouvenel. J'ai logé dans la même chambre que Collet et Billard. Ils
furent amenés ensemble devant le juge d'instruction. — Billard revint
seul, mais portant une lettre de Collet qui se plaignait d'avoir été maltraité par M. le juge d'instruction, et qui se recommandait à la générosité de son ami Billard.

Billard, qui depuis quelque temps avait retiré Collet de la fange,
de la boue et de la vie ordurière qu'il menait, voulut bien ne pas l'a-
bandonner et lui envoya quelques secours. Plus tard, Collet revint à
Sainte-Pélagie où nous étions; il paraissait très malade, nous nous
empressâmes de lui demander ce qu'il avait. Il nous répondit qu'il n'en pouvait plus, qu'il avait été victime de violences dignes
de l'inquisition ; que M. Vincent Saint-Laurent l'avait contraint de
déposer, à force de menaces, des faits contraires à la vérité. Nous lui
reprochâmes sa faiblesse; alors, voulant, autant qu'il était en lui, réparer un acte de lâcheté, Collet me demanda si, en dénonçant ces scanda-
les à l'opinion par la voie de la publicité, il trouverait grâce auprès
des patriotes: je trouvai le moyen bon; je lui conseillai d'écrire au journal *la Tribune* ; il écrivit en effet une première lettre. Vers la fin de

décembre, il écrivit une seconde lettre de sa propre impulsion, tout comme il avait écrit la première.

Collet fut appelé par la préfecture de police. Il partit sans argent, et avec des habits qui n'étaient que de misérables guenilles, et le soir il revint très bien vêtu, et avec de l'argent. Il mangea à son souper des petits pâtés.

Bergeron. Vous remarquerez, messieurs, qu'il existe une singulière coïncidence entre la figure du témoin et la mienne. Le témoin a été arrêté comme moi sous la prévention du complot. Il a les mêmes cheveux que moi, la même pâleur de visage, la même maigreur, et cependant on l'a rendu à la liberté. Vous savez que je n'ai été retenu que parce que je suis pâle, maigre et que j'ai les cheveux châtains.

Le Président. Cela suffit.

Le témoin Milon est introduit.

Milon Je suis arrêté depuis mardi soir, *comme témoin à décharge.* Le témoin nommé Cantineau est revenu à la Force d'un air furieux, en disant qu'on avait voulu le forcer à déclarer qu'il avait été à la Préfecture de Police le 14, afin de trahir ses amis. Je lui avais conseillé d'écrire une lettre. Il nous l'avait promis : il ne l'a pas fait. J'ai vêtu, nourri et entretenu Cantineau de tout ce qui lui était nécessaire. J'ai appris depuis que Cantineau et Collet étaient des agens provocateurs. J'ai rompu aussitôt toutes mes relations avec ces individus.

Saint-Souplet, détenu à la Force. Il a été condamné à un an pour l'affaire du *Carlo Alberto.* Il confirme entièrement la déposition de Milon. Il ajoute que Cantineau était sans le sou. En revenant de l'instruction, il me dit qu'il avait reçu 15 fr. de Collet, et que Collet avait dit au contraire avoir reçu de l'argent de Cantineau.

Petit-Jean, avocat, en prison à Sainte-Pélagie, sous prévention depuis quatre mois, sans savoir pourquoi. Tous mes co-détenus sont en liberté; seul je suis persécuté; j'ignore ce qu'on veut faire de moi. Depuis que j'ai été arrêté, j'ai connu Collet. Il a été appelé à l'instruction et seul il fut gardé pendant quatre jours. Il fut ensuite réintégré à Pélagie. Ce Collet nous dit qu'il avait été dans un cachot pour n'avoir pas voulu dire ce qu'exigeait de lui le juge d'instruction. Deux jours après je lus la lettre insérée dans *la Tribune.* Quand il fut entré à l'infirmerie, je lui écrivis d'avoir bon courage; il me répondit qu'il comptait sur les républicains. Collet était dénué de toutes ressources, nous l'entretenions. La seconde fois, quand il alla à l'instruction, nous lui donnâmes 20 sous pour acheter un bouillon.

Le Président. Collet empruntait donc de l'argent à ses camarades?

Petit-Jean. Non, monsieur. A Sainte-Pélagie, on n'a pas besoin d'emprunter. Les républicains offrent : ainsi, quand un citoyen est dans la misère, tous les autres citoyens vont au-devant de ses nécessités. (Sensation.) Voici la lettre que m'écrivit Collet en réponse à celle que je lui avais écrite.

Le Président. Faites venir Collet et donnez-moi cette lettre. — *Collet* nie avoir été en correspondance avec Petit-Jean. — D. Voici pourtant une lettre que vous avez écrite à M. Petit-Jean, et qui est

ainsi conçue : « Je suis prêt à tout souffrir. C'est aux patriotes à me se-
conder et à faire connaître au public les persécutions que j'ai éprou-
vées. Salut et fraternité, COLLET, sectionnaire des *Droits de l'Homme.*
— D. Collet, reconnaissez-vous cette lettre?

Collet hésitant. Oui, monsieur; mais je ne l'ai pas écrite à M. Petit-
Jean, mais au citoyen Laponneraie.

Petit-Jean. Letellier, ancien infirmier à Sainte-Pélagie, peut affirmer que c'est moi qui ai écrit à Collet, et que Collet m'a répondu sur
un morceau de papier dépendant de ma lettre. Je me rappelle que
j'étais malade et qu'on m'apporta un bain ce jour-là. L'infirmier que
j'ai cité fut notre commissionnaire, et viendra déposer à l'appui de
mon témoignage.

Le Président. Vous dites la vérité. Cependant pour plus de certitude, le témoin Letellier sera entendu, donnez son adresse.

Petit-Jean. Je ne saurais vous la donner; mais comme ce jeune
homme a rendu de grands et de nombreux services à l'établissement,
M. le directeur doit la connaître. J'ai gardé cette lettre, parce que
dès le premier moment, j'ai eu des soupçons graves sur la moralité de Collet, et que je m'attendais à un démenti. Je voulais le
confondre.

Pelvilain (Achille-Stanislas), commis marchand. Je connais Bergeron. Je n'ai jamais eu avec lui que des rapports d'amitié, je l'ai rencontré quelquefois dans des réunions patriotiques.

Je fus arrêté le 20 novembre à quatre heures du matin, et conduit
immédiatement à la Préfecture de Police, au cabinet de M. Carlier.
Celui-ci me demanda quelles étaient mes relations avec Giroux. Je lui
répondis que Giroux était un de mes amis, un patriote avec lequel je
m'étais battu en juillet 1830, et que j'estimais sous tous les rapports.
M. Carlier me dit qu'on m'avait désigné comme étant sur le Pont-
Royal au moment de l'attentat; je prouvai mon alibi et je fus relâché.
— Quand je fus libre, je cherchai dans mon imagination le motif de
mon arrestation. L'acte d'accusation, qui tomba sous mes yeux et qui
contient à chaque page les noms de Collet et de Cantineau, me rappela une conversation frappante que j'avais eue *avec un de ces indi-*
vidus. La voici. — Un jour, Parfait, jeune poète, était chez moi. On
frappa à la porte. Cantineau entre. Bientôt nous causâmes de politique. Cantineau nous dit : « *On ne descendra donc jamais ce gredin de*
« *Louis-Philippe !* » Je lui répondis : « Vous avez toujours des idées
« extrêmes; cessez de parler ainsi. Le républicain n'assassine pas, il
« se bat en brave! » Cantineau frappa son front et reprit : « S'il y en
« avait cinq ou six *comme moi* il ne m'échapperait pas le jour de l'ou-
« verture des chambres! » — « Vous êtes un extravagant; Cantineau,
« vous ne savez pas ce que vous dites. » Il me montra un bout de fleu-
ret. « A quoi servent vos poignards, imbécile? lui répliquai-je. Si vous
« êtes patriote, on vous verra dans l'occasion... Finissons-en. » Il
me parla alors d'une émeute qu'il annonçait pour le 19 novembre. Je
lui répondis : « J'ai vu dernièrement M. Armand Marast, rédacteur de
« *la Tribune,* nous nous sommes entretenus des bruits qui circulaient

« à ce sujet. M. Marast me supplia de détourner mes camarades et les
« jeunes gens de ma connaissance de ce nouveau piége de la police; que
« les patriotes ne seraient que les victimes d'un guet-apens, en se pro-
duisant dans des réunions où les mouchards les attendaient. » Nous
descendîmes tous trois; et en quittant Cantineau, je l'engageai à plus
de prudence, pour ne pas compromettre lui et ceux qui le fréquen-
taient. J'ai appris depuis qu'il était arrêté. J'ai donc combattu son système, et je m'en suis bien trouvé. (On rit.)

Parfait, homme de lettres. Je ne connais Bergeron que depuis qu'il
est en prison.

Huit ou dix jours avant l'ouverture des chambres, j'étais chez mon
ami Pelvilain, lorsque arriva un nommé Cantineau que je vis alors pour
la première fois. Après quelques minutes de conversation politique, il
dit : « *On ne descendra jamais ce gredin de Louis-Philippe!* S'il y en
avait cinq ou six comme moi, il ne m'échapperait pas à l'ouverture
des chambres! » Pelvilain lui fit observer que ses moyens étaient extrêmes et indignes d'un véritable républicain. — Alors Cantineau reprit:
C'est égal, il y aura une émeute le 19, et nous verrons... Pelvilain lui dit
qu'il avait eu une entrevue avec M. Armand Marast, rédacteur de *la
Tribune,* qui l'avait engagé à détourner les jeunes gens des émeutes et
des rassemblemens, que la police serait bien aise d'écharper les républicains, que le temps approchait et qu'il fallait attendre. Nous descendîmes.

Le Président. Savez-vous quelque chose relativement à Janety? —
R. Oui, monsieur. Hier, en sortant du Palais, j'ai entendu un fragment
de sa conversation avec la femme Edouard. Elle disait à Janety aîné :
« Vous avez été intimidé; j'avais peur de vous voir vous rétracter. » Janety aîné a répondu : « Vous avez été intimidée vous-même. » — « Oh!
non! vous ne me connaissez pas, répondit la femme Edouard; se laisser
intimider, ce serait tout perdre! (Sensation.)

Janety est appelé. Oui, c'est vrai, dit-il; j'ai engagé *madame* Edouard
à conserver bon courage, elle m'a fait les mêmes exhortations.

Le témoin *Giroux* s'avance escorté de trois gendarmes, qui le laissent
seulement libre à la barre.... «Je connais les accusés depuis que nous
avons été roulés ensemble de prison en prison. »

Le Président. Où demeurez-vous? — R. A la Conciergerie, où j'ai
été conduit par suite de la fausse dénonciation de Cantineau, qui a été
convaincu trois fois de mensonge sur trois points différens dans la
séance où la justice m'a fait arrêter au seul signe de cet agent obscur
de la police! De ce même Cantineau qui me dénonça une première fois
le 14 novembre, comme préméditant l'attentat; qui m'a dénoncé depuis
comme coupable de cet attentat.

Je ne vous dirai pas les moyens odieux employés pour me faire reconnaître quand même! Il faut le demander à la femme Vagner, qui
fut menacée par le magistrat instructeur d'être jetée au cachot et de
pourrir sur la paille; il faut le demander au témoin Taillebert, dont
les récits vous feront frémir, si vous l'interrogez à cet égard. Ils vous
raconteront les menaces mises en usage, les fausses moustaches, les

6.

faux favoris, les faux toupets, et que sais-je? tous les instrumens dignes de l'inquisition. Un jour, ainsi *masqué*, je fus présenté à la femme Martin. Elle fut si péniblement frappée de ma parfaite ressemblance avec l'assassin *de son roi*, qu'elle se prit à pleurer, et dit en sanglotant: C'est bien lui! le voilà!... Ce sont bien ses moustaches et ses favoris! (On rit.) Heureusement pour moi, Benoist lui fut présenté, et elle s'écria: *C'est le meilleur!*

Toutes les accusations dont je fus successivement l'objet ne sont pas mieux fondées. Je prouverai par le témoignage de M. Robert, fils du député de ce nom, si j'ai pris la peine de faire des menaces à Collet et à Cantineau! On méprise de tels êtres, on ne les menace pas!

Bergeron fait observer en riant que Benoist est accusé seulement de *complicité*, et que toutes les reconnaissances se rapportent à Benoist. (Rire général.)

Giroux. Je profiterai de cette occasion pour réclamer mes habits. M. Perrot de Chezelles a refusé de me les rendre, sous prétexte que je pourrais bien être remis en cause, s'il s'élevait des doutes sur la culpabilité de Benoist. Aussi hier, quand j'ai été arrêté, j'ai cru que Benoist allait être relâché et que j'allais à sa place figurer sur ces bancs. Chacun de son côté. (Nouvelle hilarité.)

Le Procureur général. M. Perrot de Chezelles a bien fait. (Marques d'étonnement.)

Aumont, de Chauny. Je connais Benoist; il a rendu de grands services lors de l'invasion du choléra. Le 17 ou le 18 novembre il m'offrit ses services pour Paris. Je le priai d'acheter des estampes, il a bien voulu s'acquitter de cette commission. Il m'envoya les gravures le 19 novembre par le départ du soir; les voici. *Le témoin* dépose les gravures sur la table; il ajoute que Benoist a des opinions politiques très exagérées.

M. Taillebert rend hommage à la modération de Bergeron qu'il connaît beaucoup.—D. Connaissez-vous Collet et Cantineau? —Ah! mon Dieu! non, je ne connais pas ces deux individus-là.

Lambert Louis-Sylvain, menuisier, détenu pour le coup de pistolet. J'ai connu les accusés en prison; Collet m'a dit qu'il s'était rétracté. Il ajouta: «J'ai persisté dans ma rétractation; on a voulu me faire mentir, je suis resté ferme, je le serai encore.» Un mot sur la manière dont on a voulu nous faire reconnaître. On nous conduisit, Bergeron, Giroux et moi. On disait aux témoins: « En voilà trois, reconnaissez le coupable. Quand on mit les moustaches à Giroux, Bergeron éclata de rire (le président le rappela au respect de la justice); il était si drôle, si risible, ses moustaches à la main!(On rit.)

Bergeron. Lambert est grand; les témoins qui avaient vu un petit coupable pouvaient choisir facilement, le choix était facile.

Flamandier a été le 19 novembre voir passer le cortége. Au moment où le roi passa, j'entendis une détonation. Je vis un grand concours de monde, et voilà tout.—D. Avez-vous vu Bergeron?—R. Non, monsieur.

Le Président. Accusés, tous les témoins que vous avez désignés au ministère public sont entendus; voulant conserver à la défense toute la latitude qu'elle peut désirer, je vous offre de faire appeler toutes les personnes dont vous jugeriez l'audition utile à vos intérêts. M. le procureur général portera la parole demain au commencement de l'audience, vous serez libres de me prévenir si vous aviez quelques nouvelles propositions à présenter.

Les accusés en souriant. Nous avons l'honneur de vous remercier, M. le président.

AUDIENCE DU 17.

On aurait cru que la curiosité et le besoin d'émotions une fois satisfaits par les débats dramatiques qui ont accompagné l'audition des témoins, l'affluence serait devenue moindre. Il n'en est rien. La foule s'est encore accrue aujourd'hui. Les rangs sont plus pressés que jamais dans l'intérieur de la salle. Toujours le même concours de dames élégantes, qui ne veulent perdre aucune particularité d'une affaire si féconde en scandale.

Le procureur général Persil a la parole pour son réquisitoire. Il commence par déplorer que certains témoins soient venus par leurs dépositions rompre l'unité des débats et jeter de l'obscurité sur les faits. Ces gens-là mentent nécessairement, a dit M. le procureur général; ou sont sous une influence fâcheuse. Cette influence se trouve, selon lui, dans l'esprit de parti qui peut faire des hommes autant de Protée, influence augmentée par les journaux qui, pour servir leur opinion, n'ont cessé d'attaquer pendant ces débats les soutiens et les organes du pouvoir. Au milieu de ce dédale, la vérité, selon Persil, ne peut ressortir que grâce à la sagacité de la cour et à la conscience du jury.

Après cela, le procureur général passe à l'examen des faits. Il suit pas à pas les démarches de Bergeron avant et pendant le 19; et, combattant les dires des témoins justificatifs, il soutient qu'elles furent en tout conformes à l'accusation; il s'attache ensuite à réhabiliter aux yeux de MM. les jurés tous les témoins à charge dont l'honneur et la véracité ont été publiquement battus en brèche par les documens de la défense et par de nombreux témoignages contradictoires. Il fait surtout une apologie éclatante de Janety aîné dont il fait ressortir et la fermeté de caractère, et la conscience d'honnête homme, et la vie épurée. Il parle de son aplomb pendant les débats, de sa répartie vive à toutes les objections. Il en conclut que Janety seul a dit vrai; que tous ceux qui l'ont contredit sont évidemment placés sous l'influence dont il a parlé en commençant. Janety jeune n'est qu'un furieux dont les mensonges ont été suggérés par l'esprit de parti. (Violens murmures.) Janety jeune s'est évidemment battu en juin et s'il a été, dans un précédent jugement, acquitté par le jury, ce n'est pas parce qu'il était innocent, mais parce que le jury a usé d'indulgence. (Autres murmures.) Quant à M. Alix, il est trop ami de Bergeron pour dire vrai, et d'ailleurs sa déposition n'est venue que tardivement et comme par réflexion.

Le procureur général fait ensuite pour la dame Edouard ce qu'il a fait pour Janety; il s'efforce d'établir qu'elle n'est point telle qu'on l'a peinte, et qu'elle n'a pu d'ailleurs exercer sur le témoin Janety l'influence qu'on lui attribue. Arrivant à Daniès, M. le procureur général examine : 1° qui il est ; 2° quel intérêt l'a pu porter à déposer contre Bergeron : Car, dit M. Persil, je suis ici le premier défenseur de l'accusé. (Murmures.)

Le procureur général répète ces mots en se tournant vers le public, et assure que Bergeron n'a pas de protecteur plus zélé que lui. (Nouveaux murmures.)

Revenant à Daniès, le ministère public apprend à MM. les jurés, par des pièces qu'il s'est procurées au ministère de la marine, que ce témoin a été placé comme patriote, après la révolution de juillet, à la recommandation de plusieurs députés, notamment à celle de M. de Vatimesnil; M. Persil déclare que c'est M. Daniès qui, de son propre mouvement, est accouru, en bon citoyen, apprendre à la justice ce qu'il savait du procès, ce qui a nécessité le supplément d'instruction. Après avoir passé en revue et combattu les circonstances de l'alibi établi par M. Fontaine et autres témoins, et invoqué le dire du sieur Dupuis, pour prouver que mademoiselle Boury n'était pas sur le Pont-Royal, le procureur général résume les charges qui s'élèvent contre Bergeron, dont la culpabilité lui paraît irrécusablement établie : 1° par sa coopération aux affaires de juin, pendant lesquelles, d'après le témoin Cavé, il a long-temps suivi le roi pour le tuer; 2° par la dénonciation faite contre lui le 14 par les agens Cantineau et Collet; 3° parce que l'accusé ne saurait au juste détailler l'emploi de son temps dans la journée du 19; 4° parce que, selon quelques témoins, il avait dans ses vêtemens quelque chose qui au soleil paraissait jaunâtre; 5° parce que le témoignage de Janety aîné contre lui ne peut laisser aucun doute. M. Persil ajoute que, pour lui, la déposition de ce témoin est un article de foi.

Le ministère public abandonne l'accusation à l'égard de Benoist, qu'il considère comme ayant pu accompagner le coupable pendant le 19, mais non pas comme son complice. Il annonce au contraire qu'il requerra contre Bergeron la peine la plus grave accordée par nos lois. Le procureur général finit par une sorte d'admonition à la défense, qui, dans le cours des débats, a paru vouloir faire regarder l'attentat du Pont-Royal comme entièrement simulé. Je ne me suis pas abaissé jusqu'à combattre ce moyen, dit M. Persil, le crime est trop notoire, l'esprit de parti seul oserait en douter.

Les défenseurs, en prenant la parole, vont sans doute aborder des matières dangereuses; mais qu'ils n'oublient pas qu'ils ont juré de respecter le pouvoir. Si dans ce qui va suivre des paroles se faisaient entendre dont le résultat fût d'exciter à la haine et au mépris du gouvernement, nous n'hésiterions pas à présenter sur-le-champ des réquisitions contre celui, quel qu'il fût, qui les aurait prononcées. C'est Bergeron qui a commis le crime, c'est lui, messieurs les jurés, que vous condamnerez.

Après un rapide résumé de toutes les charges de l'accusation, le procureur général s'exprime ainsi : « La défense paraissait disposée à soutenir la simulation de l'attentat. Nous n'avons pas voulu nous abaisser à prouver la vérité de ce crime, l'esprit de parti seul pourrait en douter. Nous le disons, en agissant ainsi, ce ne serait pas défendre Bergeron, mais prendre la défense d'un parti ; cette défense n'est pas sans danger. Les défenseurs ont juré en entrant dans cette audience de respecter la loi.

Il existe une loi qui ne permet pas qu'on puisse impunément exciter à la haine et au mépris du gouvernement; et si dans cette enceinte un pareil délit était commis, n'importe par qui, nous aurions le courage d'en requérir la punition immédiatement. Quelle que soit la nature du crime, il est constant. Nous avons signalé la main de Bergeron comme ayant commis le crime; c'est cette main que nous poursuivons, c'est cette main que vous punirez.

Ce réquisitoire a duré jusqu'à deux heures. L'audience est suspendue jusqu'à deux heures et demie. Pendant cette suspension on nous fait remarquer les précautions prises par la cour pour surveiller et pouvoir réprimer sur-le-champ les manifestations de l'auditoire pendant le cours des plaidoiries. Un grand nombre de gardes municipaux entrent dans la salle et se placent entre les bancs des témoins et l'enceinte réservée.

M⁰ Joly, avocat de Bergeron, présente un système de défense où brille la plus profonde logique. Cet éloquent défenseur s'attache à prouver que l'attentat horrible n'est qu'un attentat simulé, une machination odieuse dont l'intérêt se laisse entrevoir à tous les yeux. M⁰ Joly établit que, dans tous les cas, Bergeron ne saurait être considéré comme l'auteur de l'attentat. Après quelques considérations morales, l'avocat établit la plus forte, la plus victorieuse des preuves, celle que les criminalistes ont appelée preuve par excellence, un alibi.

Ensuite M⁰ Joly attaque la déposition du sieur Daniès, témoin étrange que l'accusation a traîné à sa remorque, et qui n'est arrivé que tardivement aux débats que pour y recevoir des démentis, sous le poids desquels il est resté accablé. Janety aîné, dit-il, Daniès, la femme Édouard, Collet et Cantineau, agens de police publics, voilà les témoins que l'accusation invoque.

Je me trompe, dit M⁰ Joly, et j'arrive à un des plus curieux épisodes de cet étrange procès. Mademoiselle Boury, dont le nom avait été promis d'abord à tant de célébrité, proclamée sauveur de la monarchie constitutionnelle, gêne singulièrement le ministère public; il voudrait en débarrasser l'accusation ; et pourquoi, s'il vous plaît ? parce que mademoiselle Boury, tant vantée et tant calomniée, n'a eu que l'inexcusable tort de dire la vérité ; parce que sa conduite, pleine de franchise, a été digne d'éloges; parce qu'elle ne reconnaît pas Bergeron, et que son témoignage, qui n'a jamais varié, précis et positif, ruine d'avance tout le système si laborieusement échafaudé par le ministère public. L'avocat examine successivement tous les signes de ralliement contradictoires, discordans, invoqués tour à tour par les

témoins qu'on a entendus. Il établit que les jurés né peuvent les ac-
cueillir. Étrange spectacle que vous ont offert les débats! La décision
de la justice serait livrée à la mémoire cherchant des témoins.

Les antécédens de Bergeron, on les invoque contre lui. Il a combattu au mois de juin; il ne l'a pas nié. Mais, qu'on le dise, est-ce que
les barricades de Saint-Méry ne lègueront pas quelques glorieux souvenirs à notre histoire? Est-ce que là ne combattaient pas tant de nobles jeunes gens qui méritaient de mourir dans un plus beau jour! Ah!
s'il était permis d'évoquer les souvenirs des 5 et 6 juin, et les bonnes
actions que Bergeron a su faire dans l'ivresse du combat, il aurait
peut-être à se glorifier des faits qu'on évoque contre lui. Artisan de
son humble fortune, professeur dans la pension où il fut élève, et con-
sacrant les premiers fruits de ses honorables travaux à l'éducation d'un
jeune frère dont il est le seul appui.

L'aménité de ses mœurs, la douceur de son caractère, l'élévation de
son ame, lui ont concilié déjà beaucoup d'amitiés honorables, qui
sont des protestations éloquentes contre l'accusation; et c'est un pareil
homme que les passions politiques auraient perverti! Assassin, a-t-on
dit, parce qu'il est républicain! Ah! gardons-nous, messieurs, de
calomnier les partis vaincus! Ils nous le rendraient sévèrement aux
jours du triomphe. Les républicains ont-ils donné le droit de les accuser
aussi impitoyablement? Les républicains! ils savent se battre comme
aux barricades, mourir comme à Saint-Méry; ils ne savent pas assassiner! Pourquoi donc appelleraient-ils le meurtre à leur secours? La
liberté qu'ils espèrent est fille du temps, et l'avenir est à eux.

Me voilà venu au terme de cette discussion, trop longue peut-être;
mais la sincère et profonde conviction à laquelle je voulais vous asso-
cier me commandait toutes ces explications. Oui, Bergeron vivra, jeune
homme de cœur et d'imagination, fils pieux et dévoué, patriote loyal et
sincère! il vivra pour être un jour un citoyen utile dans un pays de lumières et de liberté. Est ce vous, hommes humains, qui voudriez fermer
devant Bergeron cet avenir qui s'ouvre pour lui si pur et si beau! Est-ce
vous, hommes du progrès, qui méconnaîtriez la grande mission que
doivent accomplir un jour tous ces jeunes gens, espérance et orgueil
de notre beau pays? (Applaudissemens prolongés.)

Le Président. M⸱ Moulin, voulez-vous prendre la parole? L'accusation a été abandonnée à l'égard de votre client.

M⸱ Moulin. Je compte donner quelques explications.

Le Président. L'audience est suspendue, et renvoyée à demain dix
heures pour la continuation des débats.

AUDIENCE DU 18.

Le public se pressait comme à l'ordinaire dans l'enceinte de la cour
d'assises et dans les avenues du Palais de Justice. Les rédacteurs en
chef des principaux journaux assistaient à ces curieux débats. Ceux
qui avaient entendu M⸱ Joly dans la séance d'hier venaient recevoir

les vives émotions de sa replique, qui a été complète, noble, pleine de raison et de logique. Tous ont regreté que l'abandon de l'accusation envers Benoist ait en quelque sorte contraint au silence M⁰ Moulin, dont le talent généreux a dû respecter un ennemi qui s'avouait vaincu.

M⁰ *Moulin*, cédant toutefois aux sollicitations de M. Benoist père, s'est borné à faire ressortir les circonstances morales de la vie de son client. Il a pris la parole en ces termes :

Messieurs les jurés, je ne sais pas lutter contre une accusation abandonnée, et si je n'avais pris conseil que de ma volonté, j'aurais gardé le silence.

M. le procureur général me permettra toutefois de regretter qu'il n'ait pas, lorsqu'ayant sous les yeux tous les documens qu'il a aujourd'hui, il portait la parole devant la chambre d'accusation, demandé la liberté de Benoist. Cet acte de justice plus prompt lui eût épargné les anxiétés de la prison et les préventions qu'a pu faire naître contre lui un acte d'accusation qui a reçu une si grande publicité et que nous ne pouvons plus combattre.

A ces préventions, je ne veux, cédant aux prières du vieux père de Benoist, qu'opposer la vie de son fils. Courte d'années, elle est déjà remplie d'honorables actions. Il y a cinq ans que Benoist s'est fixé à Chauny, où il exerce la médecine. L'estime générale qui l'entoure et une nombreuse clientelle sont dès long-temps devenues la juste récompense de son zèle et de ses succès. Son dévoûment n'avait pas besoin que les ravages du choléra vinssent lui fournir une nouvelle occasion de se signaler.

A peine l'épidémie eut-elle éclaté à Paris que Benoist se hâta d'y accourir, mu par un sentiment d'humanité non moins que par son amour pour la science, et refusant généreusement l'indemnité que lui offraient ses concitoyens. Il y passa quinze jours, enfermé dans les hôpitaux, au chevet des malades, auditeur assidu de nos professeurs les plus distingués, étudiant les symptômes de la cruelle maladie, sa marche, ses effets, son traitement ; puis il retourna à Chauny, riche d'observations faites au risque de sa vie, et heureux de pouvoir, quand le fléau ferait invasion, lui opposer les ressources et de l'expérience et de l'art.

De Paris, l'épidémie ne tarda pas à s'étendre dans la province. Le département de l'Aisne n'en fut pas exempt. Ce fut alors que l'autorité locale eut recours à la science de Benoist. Chauny et les communes environnantes furent confiés à ses soins. Je ne vous dirai pas quels services il a rendus ; je ne vous lirai pas les nombreux certificats qui attestent la reconnaissance du pays ; les faits sont ici plus éloquens que toutes les paroles : 393 indigens secourus par lui, 3,250 visites faites, 409 lieues parcourues en 93 jours, une maladie, suites de ses fatigues et qui n'a pas enchaîné son zèle, prouvent assez (et c'est le certificat le moins suspect) et son activité et son dévoûment.

Ce n'est pas sans quelque orgueil, messieurs, que je rappelle ces titres d'honneur de Benoist ; comme moi, vous comprendrez le senti-

ment qui a dicté son langage, lorsque, remettant au magistrat instructeur les pièces qui les attestent, il lui disait : « C'est à votre loyauté que
« je les confie; c'est là toute ma fortune : ces souvenirs du peu de bien
« que j'ai fait et la reconnaissance de mes concitoyens ont toujours
« été le but de mon ambition. »

Que Benoist se rassure! cette ambition doit être satisfaite, et le but
qu'elle s'était proposé dès long-temps atteint : j'en atteste et ces témoignages recueillis par l'instruction, et ces recommandations si pres-
santes qui m'ont assailli en sa faveur, et ces vœux si ardens qui l'ac-
compagnent sur ces bancs, et auxquels un verdict de ses pairs va le rendre pur de tout soupçon.....

Vous connaissez Benoist, messieurs; ma tâche est remplie; je finis
par un mot; pour moi, c'est le résumé de toute la cause.

Dans un siècle que nous appelons barbare, un roi auquel l'histoire
a donné le nom de grand, l'auteur des *Capitulaires*, flétrissait comme
une mauvaise action une condamnation qui n'avait pour base que des
indices. Et aujourd'hui, après dix siècles écoulés, aujourd'hui que nous
avons conquis le jugement de nos pairs, la publicité protectrice des
débats, la liberté de la défense, et des lois pénales plus humaines; aujourd'hui que l'on parle avec une sorte d'orgueil des progrès de la civilisation, de la marche de l'esprit humain, un homme du roi vient
vous dire : Les accusés n'ont été reconnus par aucun témoin; cependant, condamnez.....

Aucun n'a pu donner le signalement du coupable; un seul, dont la
vie est loin d'être pure, rapporte des confidences que désavouent ceux
auxquels il les attribue.... Cependant, condamnez.

Dans ce procès la police a encore ses représentans, hommes qui vi-
vent de délation et d'espionnage: leur parole salariée mérite confiance...
Condamnez.

Enfin l'un des accusés prouve qu'à l'instant de l'attentat il était loin
des lieux où il se commettait; les témoins qu'il produit sont des com-
plaisans.... Condamnez.....

Messieurs, parmi les reproches trop mérités adressés à la restaura-
tion, un des plus graves est l'abus des procès politiques, des complots
et des conspirations. L'exil de la branche aînée a payé le sang des
Bories et de Berton. (Mouvement.)

La monarchie de juillet n'a encore que trois années d'existence, et
elle compte déjà plus d'accusations de complot et d'attentat que la res-
tauration avec ses quinze années. Elle a été jusqu'ici assez heureuse
pour que votre indépendance lui ait refusé les têtes qu'elle convoitait;
mais il est temps pour elle, pour le pays, pour vous et pour les magistrats, de mettre un terme à ces poursuites, sanglantes quand elles réussissent, odieuses quand elles échouent.

Un murmure général d'approbation accueille cette rapide et chaleu-
reuse improvisation.

Le Procureur général réplique immédiatement. Il s'attache à réhabiliter les témoignages de Daniès et de Janety, et à reproduire les
charges de son premier réquisitoire. Comme c'est une seconde édition,

ni revue, ni corrigée, nous nous contenterons de renvoyer à la première. Nous devons à la vérité de dire qu'il n'a pas trouvé d'encouragement dans l'auditoire, dont il était assez difficile de comprimer les murmures improbateurs.

M⁰ *Joly* prend la parole pour répliquer. Après les débats qui viennent d'avoir lieu, dit-il, il faut avoir une conviction bien profonde pour avoir le courage de ressusciter l'accusation; mais, je dois le dire, cette conviction est aveugle. (M. Persil fait un mouvement d'étonnement.) Je vais la réfuter encore, puisqu'on le veut, la combattre, l'anéantir. Je n'aurai pas besoin de grands efforts. Cependant, messieurs, je ne dois pas oublier que j'ai posé deux questions auxquelles on est toujours obligé de revenir : Y a-t-il eu complot? et, s'il y a eu complot, quel est le coupable?

La première est la plus essentielle : car là où il n'y a pas de crime, il n'y a pas d'accusé. On l'a considérée nonobstant avec une espèce de dédain; on l'a traitée de niaiserie. Ceux qui accusent la police, ce sont des niais, échos des journaux. On n'a pas cru devoir entrer dans ces détails; mais, messieurs, avec l'esprit de distinction qui caractérise M. le procureur général, si on ne voulait point parler des faits passés, on pouvait parler des faits présens, et c'est à ceux-là que je m'arrête.

N'avez-vous pas été frappés comme moi de cet attentat, commis en plein jour, au milieu de la population, en présence de la garde nationale et de la troupe de ligne sous les armes, en présence des innombrables agens que la police devait avoir échelonnés sur le cortège? n'avez-vous pas été frappés de voir l'assassin tirer un pistolet de dessous ses habits, lever son bras du milieu de la foule, abaisser son arme sur le roi, et après que le coup est parti, cet assassin, arrêté avec les pièces de conviction, disparaître sans qu'il en soit autrement question ?

Que M. le procureur général nous explique du moins ce fait; d'un homme saisi par le caporal Schœrer, si près des sergens de ville, qui s'en emparent au moment où il laisse tomber un pistolet à ses pieds. Comment cet homme est-il parvenu à s'échapper? Ses complices l'ont-ils favorisé? Mais, dans cet entourage d'assassins, M. le général Pajol vous a dit qu'il n'avait vu rien de remarquable; qu'on y criait *Vive le roi!* comme ailleurs. Admettons qu'il y ait eu confusion, cela ne voudrait pas dire qu'il y ait eu complot; mais l'assassin était arrêté; cet homme que l'on tenait bien, que l'on secouait fortement, aurait pu être amené devant la justice; il n'y a jamais paru; on n'en a plus de nouvelles. J'ose le dire, messieurs, l'affaire est jugée; le pays est témoin des débats; il a jugé par lui-même; il n'y a pas de doute pour lui : il n'y a pas eu attentat.

Et quand je signale l'œuvre de la police dans tous les désordres qui ont troublé la cité, qu'on ne donne pas à mes paroles l'extension que je ne leur ai pas donnée. Je sais bien qu'il est impossible qu'au milieu de ces agitations quelques esprits exaltés ne se laissent pas entraîner. Je n'ai jamais prétendu qu'il n'y eût que des agens de police dans les émeutes; malheureusement il y a des enthousiastes, des dupes, des niais, comme le maçon Fougerolles, dont je vous parlais hier, qui

donnent dans'les piéges qu'on leur tend : mais la police est toujours
là. Vous l'avez vue jusque dans les évenemens de juin, que M. le procureur général a si souvent rappelés, non que je l'accuse d'avoir donné lieu à la collision dont ces événemens ont été la suite, car je ne parle
que des faits constans; mais, dans le procès du *Corsaire*, n'a-t-il pas
été établi que des agens de police déguisés sont venus se mêler aux
combattans, ayant à leur tête un homme dont le nom est une flétrissure? (Sensation.)

Aussi voilà pourquoi on ne vous explique pas la non arrestation de
Bergeron. Il fallait se donner une apparence de raison quand on nous
le signalerait plus tard comme le coupable. Ses opinions étaient con-
nues. — Vous vous êtes battu en juin, lui a-t-on dit, vous êtes suspect;
il nous faut un coupable, et si vous ne l'êtes pas, nous irons chercher
Giroux (on rit); car on lui a dit que de nouveaux renseignemens pourraient bien le remettre en cause.

On a voulu savoir ce qu'était encore devenue une vieille redingote,
et la curiosité de l'accusation a dû être satisfaite.... Il est constant
maintenant qu'elle a été donnée à Bastide, il y a six mois; le ministère public l'a considéré ainsi, puisqu'il n'a pas même jugé à propos de
le faire entendre de nouveau.

Ainsi, Messieurs, voilà l'histoire des redingotes finie. Vous savez que
Bergeron avait un habit noir; le fait en est prouvé par les témoins de
la pension de Reusse, de la maison Fontaine, par toutes les personnes
enfin qui ont vu Bergeron le 19 novembre.

On a fait à cela une objection sur laquelle j'ai honte de revenir. On
s'est étonné que Bergeron, peu riche, ait pu donner une vieille redingote. Il faut cependant qu'on sache que les hommes à idées avancées,
puisqu'on a affecté de prononcer ce mot avec une habileté ironique
très remarquable, sont capables de quelque générosité, et j'en connais
qui ne sont pas riches non plus, et qui ont su faire de plus grands sa-
crifices.

Voilà ces observations préliminaires qui ne permettent pas d'ajouter
la moindre foi à Jauety. Poursuivons, et l'on verra si les circonstances
particulières qu'il indique peuvent lui donner plus de force.

Suivant lui, Benoist aurait dit, sur le Pont-Neuf, que Bergeron, après
le crime, se serait écrié : C'est une abomination de crier : *Vive le roi!*
Absurdité! mensonge! Le bon sens repousse ces mensonges niais qui
ne trahiraient pas dans Bergeron un meurtrier, mais un fou.

Pourquoi donc Benoist aurait-il été, gratuitement, le 19 novembre,
livrer ce redoutable secret qui pouvait perdre son ami et le compromettre lui-même? C'est en effet à Janety qu'il doit quatre mois de
captivité et sa présence sur ces bancs. Il était donc intimément lié avec
Janety? Il connaissait donc ses opinions, ses relations, ses habitudes,
sa sévère et consciencieuse discrétion? Non, Messieurs, il ne le connaissait pas, il ne l'avait jamais vu; Janety lui-même est forcé de le reconnaître, et cette déclaration qu'il fait décèle son mensonge.

Mais il y a plus encore.... Non seulement il ne connaissait pas
Janety, mais il ne connaissait pas Planel: Planel l'a déclaré. Ainsi, c'est

à deux inconnus qu'il rencontre sur le Pont-Neuf, que Benoist serait
allé faire d'aussi incroyables confidences.

Poursuivons, et les invraisemblances vont devenir plus choquantes.

Comment! s'il faut l'en croire, il était sur le Pont-Royal, à quatre
pas de Bergeron; il savait que Bergeron allait frapper le roi, et il ne
tente aucune démarche pour arracher son ami au danger ! Un conseil
pouvait sauver le roi, et il n'a pas voulu le donner : celui-là est un
mauvais citoyen, plus mauvais assurément que ceux qui combattirent
en juin. (Attention.) Là du moins ont pu se rencontrer des illusions
généreuses qui ne peuvent trouver un asile que dans de nobles ames.
Ils n'ont pas réussi; voilà leur plus grand tort. (M. le procureur général fait un signe de mécontentement.)

M⁰ *Joly*, vivement: Laissez; je ne dis rien là que je ne puisse avouer.
Les insurrections ne sont légitimes que quand elles réussissent; pour
elles, le droit c'est le succès. Ainsi il en a été de notre glorieuse révolution, et tant d'hommes qui traitent maintenant les vaincus comme
des coupables auraient été des criminels s'ils n'eussent pas été vain-
queurs. M. le procureur général lui-même, qui a pris sa part des dangers de cette grande époque, aurait dû peut-être s'en souvenir davantage, et se reporter par le souvenir au sort que la clémence de Charles X
réservait aux vaincus. Telle est l'histoire des révolutions : c'est la force
qui les sanctionne et qui les justifie, et, dans la faiblesse de notre nature, nous nous habituons toujours à juger après l'événement. Laissons
donc, puisqu'il le faut ainsi, laissons la force trancher ces hautes questions. Ne prêchons pas l'insurrection; mais souvenons-nous que quand
elle réussit elle est légitime.

Les combattans de juin, dont quelques-uns moururent comme des
héros au cloître Saint-Méry, restèrent sans écho dans le pays. Ce fut
là leur crime. Ceux qui font des révolutions ne doivent venir qu'à
temps.

Si donc ils furent coupables, si Janety jeune fut un de ces hommes
égarés, est-il permis, du moins, de le mettre sérieusement en parallèle
avec son frère, Janety aîné, que sa famille tout entière a stigmatisé
comme un mauvais sujet et comme un menteur?

Un fait que l'accusation paraissait avoir abandonné, car il n'en a
pas été question dans son premier réquisitoire, est relatif à la bourre
du pistolet. On a cru découvrir que c'était un corrigé; c'était un in-
dice contre Bergeron qui donnait des répétitions. On est allé chez
M. de Reusse, on a fait écrire les élèves; on a su que les élèves allaient
à Saint-Louis, on s'est procuré de leur écriture à ce dernier établissement; on a tout examiné, on n'est parvenu à aucune autre découverte :
comme si tout le papier des élèves ne passait pas d'ordinaire des mains
des professeurs dans la boutique de l'épicier!

Il est un autre fait que l'accusation n'a point négligé : c'est ce testament qui, nous a-t-on dit, renfermait les dernières dispositions de
Bergeron, et je terminerai par là, car ce sera le testament de l'accusation. (Hilarité.) Le témoin Trognon avait dit que Bergeron avait remis
avec solennité sa montre et une reconnaissance du Mont-de-Piété au

jeune Combarel, et qu'il les avait données comme un héritage. Il est résulté des explications qui ont eu lieu, que le témoin Trognon avait trop parlé. Le témoin Bonarme vous a dit que Combarel ne s'était pas exprimé de cette manière. Nous avons appris que Bergeron n'avait pas de montre, qu'elle appartenait au jeune Groseiller son compatriote; que cette montre, il devait la rendre, et qu'il avait chargé Combarel de la lui remettre. Tout se réduit à une montre appartenant à un jeune malade, qui la demande comme une fantaisie de mourant.

Voilà, Messieurs, cette accusation que je traiterai de chimère. Au point où nous en sommes, cette accusation est tombée sous le ridicule; elle n'en relèvera pas. Depuis l'origine de ces débats, ma conviction n'a fait que grandir. Et c'est cependant sur de misérables propos, sur un recueil de commérages qu'on ose vous demander une tête si pleine d'espérance et d'avenir. S'il existe des dissensions si violentes, si les partis se montrent animés, reconnaissez-en la cause, Messieurs, dans ce funeste système qui ne fait qu'exciter les haines, quand il devrait s'attacher à concilier tous les intérêts. C'est un mauvais moyen de concilier les partis que de venir avec de si frivoles accusations vous demander de leur jeter une tête. (Cette brillante plaidoirie produit la plus vive impression. Me Joly reçoit des félicitations du barreau.)

Le citoyen BERGERON prononce ensuite le discours suivant :

Messieurs les jurés,

Lorsque j'eus connaissance de l'atroce responsabilité qu'on a cru devoir faire peser sur moi, ma première pensée fut de me placer seul, sans défenseur, en face de l'accusation. Fort de ma conscience d'honnête homme et d'une jeunesse exempte de souillure, sans daigner jeter un mot de réponse aux témoins qui déposent contre moi, je devais me borner à vous dire : Voyez et prononcez.

Car il ne s'agit pas seulement ici de ma vie ou de ma liberté, mais, ce qui est mille fois plus à mes yeux, de mon honneur, de l'honneur de toute une famille compromise en moi.

Sûr de votre verdict, je voulais ôter à mes accusateurs jusqu'au moindre prétexte de récrimination; je voulais que les plus opiniâtres même ne pussent dire : L'assassin (si vous saviez combien ce mot fait mal à prononcer!) l'assassin n'a peut-être été sauvé que par le talent de son avocat: comme si le plus ou moins d'éloquence d'un homme avait la puissance de me rendre innocent ou coupable!... comme s'il était possible de vous fasciner les yeux au point de vous faire lire : *honnête homme* sur le front d'un assassin.

Néanmoins Messieurs, et mon appréhension, tout absurde qu'elle vous paraisse sans doute, n'est malheureusement que trop fondée, interrogez le passé; vous verrez les feuilles ministérielles, lorsque doit se vider devant vous quelque grand débat politique, professer avec affectation une déférence toute religieuse pour vos arrêts ; puis le lendemain, si votre décision n'est point conforme à leurs désirs, à leurs passions haineuses, taxer votre justice de faiblesse, d'indulgence blâmable !

Aussi, Messieurs, je le répète, malgré les preuves accablantes et les témoignages impartiaux qui me sont opposés par le ministère public avec *une merveilleuse impartialité* (on rit), je vous aurais présenté ma tête avec confiance, sans m'abaisser à me justifier, si je n'avais obéi qu'à mes inspirations.

Mais on m'a objecté, non sans raison, que, dans un procès aussi incroyable, mon acquittement n'était que chose secondaire, et qu'il importait bien davantage de signaler à l'opinion publique la manière inqualifiable dont il a été conduit.

Tout à fait inhabile à manier la parole, j'ai dû céder cette tâche à un homme qui en fût digne par l'éclat de son talent et la pureté de son patriotisme. Il n'a fallu rien moins qu'une telle considération pour me déterminer à prendre un défenseur.

Loin de moi, pourtant, Messieurs, loin de moi l'idée de faire du scandale. La récrimination, il est vrai, me serait bien facile, un vaste champ m'est ouvert; mais non, je n'abuserai point de ma position : elle est trop avantageuse; il y aurait de ma part manque de générosité; et puis, le ministère public m'a donné un grand exemple de modération, je veux en profiter. (*Nouveaux sourires dans l'auditoire.*)

Un coup de pistolet a été tiré le 19 novembre. Pourquoi? par qui? contre qui? C'est un mystère dont j'attends encore la révélation. L'accusation, malgré ses efforts multipliés, est impuissante à nous la donner. Il y a eu tentative apparente de crime : il fallait une apparence de coupable. La misère et la faim engendrent le crime : donc le coupable devait être misérable et souffrir de la faim. Aussi, les témoins ont-ils affirmé logiquement qu'il était pauvrement vêtu et avait le visage décharné. Il était même, au dire de l'un des oracles que vous avez entendus, protégé d'un groupe d'individus comme lui mal vêtus et à la figure sinistre. (Je cite textuellement.)

Vous remarquerez en passant que tous les témoins, et ils sont nombreux, entouraient l'assassin. Où donc étaient les complices?

De plus il s'est attaqué au roi : donc ce doit être un républicain.

A ce compte, la justice avait sous la main des criminels de rechange. Sans parler de ceux que l'on saisit, puis relâcha par pacotilles, il se trouva quatre ou cinq privilégiés, titulaires, qui tour à tour virent pencher la balance de leur côté; enfin, après un long et laborieux ballotage, le sort tomba sur moi; je parus le meilleur, car *j'étais pâle et maigre.*

Vainement d'une première instruction prolongée pendant treize jours avait résulté la preuve irrécusable de mon innocence, puisque déjà l'on annonçait comme très certaine ma mise en liberté, malgré les innombrables contradictions qu'on fait sonner si haut aujourd'hui.

Vainement tous les témoins du Pont-Royal, si peu en harmonie sur tous les autres points, s'accordaient à donner à celui qu'ils avaient vu tirer, de 25 à 35 ans, pas un moins de 25 ans; vainement la plupart d'entr'eux le gratifiaient d'une barbe épaisse : deux circonstances qui devaient écarter de moi jusqu'au moindre soupçon; on avait besoin d'un coupable, un coupable à tous prix, on n'en trouvait pas, et *j'étais pâle et maigre.* (Très bien! très bien!)

De là, pour colorer l'accusation, les Collet, les Cantioeau, puis la femme Édouard escortée d'un Janety; puis les Cavé, puis les Daniès, car pas un seul de ces noms ne m'avait été prononcé dans les trois premières semaines de ma détention, qui n'était motivée que par les calomnies du dragon Vieussens....

Le ministère public, avec la rare perspicacité qui le distingue, a judicieusement senti qu'on n'improvise pas un assassinat, et qu'avant de le commettre il faut avoir fait plus d'un pas dans le sentier du crime. Aussi, dans une intention que je m'abstiendrai de qualifier, on a livré à la publicité des journaux, long-temps avant les débats, un acte d'accusation par lequel, à l'aide d'une foule d'assertions erronées et d'inexactitudes, bien involontaires sans doute, on est parvenu à inspirer sur moi des préventions défavorables, à souiller mon nom d'une injuste flétrissure. Puis on complète mon apologie par cette conclusion si neuve, si inattendue : « Tout prouve que Bergeron était capable de former le projet d'assassinat et de le réaliser. »

Voilà donc mon brevet d'assassin en bonne forme; et pourtant, ces antécédens si accablans, dont on fait si grand bruit, se réduisent à des fanfaronnades indignes d'un noble caractère, indignes de moi; à des propos absurdes, invraisemblables, qui, s'ils étaient sortis de ma bouche dans un accès de fièvre, seraient une preuve de sottise et non de scélératesse. Permettez-moi, messieurs, de réduire à sa juste valeur cette partie, d'ailleurs bien indirecte, mais pour moi la plus importante de l'accusation; car j'attends de votre justice plus qu'un acquittement. Livré, bien à tort, à un déshonneur momentané, votre estime est pour moi d'un grand prix; j'en ai besoin, ma conscience me dit que j'en suis digne, je veux l'obtenir.

L'accusation a scruté ma vie avec le rigorisme le plus minutieux; elle n'a pu y trouver une seule tache; mais, loin de se tenir pour battue, elle s'est jetée, en désespoir de cause, dans des allégations vagues et hasardées; s'appuyant sur les souvenirs plus qu'équivoques d'hommes intéressés à avoir de la mémoire quand même, elle me prête, à défaut d'actions qu'il faudrait prouver, un langage d'énergumène, de fanfaron, pour ne pas dire plus : or, un fanfaron est un lâche, et je ne suis ni fanfaron ni lâche.

On m'adresse un autre reproche plus spécieux, mais non plus juste; je veux parler de quelques réponses peu mesurées au juge d'instruction, et dont on s'est fait une arme contre moi. Il est bon, messieurs, de vous faire savoir, une fois pour toutes, comment elles m'ont été arrachées.

Je l'avouerai, quand je me trouvai face à face avec un juge, j'avais la naïveté de croire qu'il y avait entre nous réciprocité de franchise; mon innocence, d'ailleurs, me paraissant une sauvegarde assez puissante, et dans ma candeur je révélai à mon inquisiteur mes pensées les plus intimes, comme à un homme digne d'en apprécier la pureté. Je répondais aux questions les plus indiscrètes, et que j'aurais pu le plus facilement éluder. On abusa de cette condescendance. J'avais promis de dire en tout la vérité quand elle ne compromettrait que moi; j'ai tenu parole. Néanmoins, on a méconnu la loyauté de mon caractère, et quand je n'ai répondu que par un dédaigneux sourire à des accusations par trop ridicules, on a traduit mon silence, on a feint d'y voir l'impuissance de nier ; puis, spéculant sur ma liberté, qui se révoltait à l'idée de paraître reculer devant un aveu, on m'a fait admettre des paroles que mon cœur, que ma raison réprouvaient.

Ne croyez pas que je veuille ici, par crainte ou par mauvaise honte, déguiser en rien mes sentimens. Non, mille fois non; je les rejeterais loin de moi si j'avais lieu d'en rougir. Loin de là, M. le procureur général vous l'a dit avec raison, je m'en fais gloire. Libre à vous de ne point les partager; mais vous les respecterez, car ils sont purs et désintéressés.

Je le dis hautement, je suis républicain; j'ai la conviction que la monarchie est impuissante à faire le bonheur du peuple. On en conclut que j'ai voué une haine toute spéciale au monarque : mauvaise logique. Je n'ai point des vues si étroites, un esprit si mesquin. Que m'importe à moi, homme radical, qu'il ait nom Charles ou Philippe, s'il y a identité de système? Aux libéraux, la distinction des individus, aux républicains la distinction des principes. On nous accuse d'appeler de nos vœux la mort du roi! et pourquoi? La mort d'un roi, pour nous, c'est la mort d'un homme, des frais à payer pour l'intronisation de son successeur, une cohue de nouveaux courtisans à engraisser, et rien de plus. Et nous irions gaspiller notre sang et notre honneur en échange d'une vie de roi. A quoi bon? N'avons-nous point appris à nos dépens que les rois ne manquent pas aux peuples tant que les peuples ne manquent pas aux rois, et qu'on perd son temps à renverser le monarque quand le principe monarchique reste debout? C'est ce principe que nous attaquons. (Sensation profonde.)

Or, nous ne parviendrons à le déraciner de notre sol qu'en instruisant le peuple, qu'en lui inspirant le sentiment de ses droits et de ses devoirs; c'est le seul moyen efficace, c'est le seul que nous ayons adopté, quoi qu'en dise la malveillance: car, nous savons que la balle ou le poignard qui tue l'homme ne tue pas le principe; mais, en fût-il autrement, ni moi ni aucun de mes amis n'aurions l'affreux courage d'acheter par l'assassinat un triomphe même certain, ce serait le payer trop cher. Nous sommes de ces ennemis qui combattent leurs ennemis en face, et il y a calomnie atroce, misérable, à nous accuser d'une lâcheté, M. le procureur général.

Messieurs, j'ai la tête vive et légère, mais mon cœur est bon et généreux; et, comme moi, vous aurez peine à concevoir qu'on m'accuse sérieusement d'un crime, si c'est bien sérieusement qu'on l'ai fait.

Je ne me sens point la force de réfuter l'argumentation du ministère public. Il me serait trop pénible de m'appesantir sur un tel sujet. Vos lumières, d'ailleurs, et les éclaircissemens que vous ont donnés nos défenseurs, s'il était besoin d'éclaircissemens, me sont une garantie suffisante que votre conviction sera complète. Oui, car sans doute vos cœurs ont parlé, déjà vous vous êtes dit à vous mêmes : L'accusé est un homme d'honneur et non pas un criminel. Messieurs, j'attends votre arrêt avec confiance.

Trois salves d'applaudissemens accueillent ce discours, et la séance est suspendue. On fait retirer les accusés qui, en passant, reçoivent successivement les accolades fraternelles de leurs amis.

L'audience est reprise. Le président demande aux accusés et à leurs défenseurs s'ils n'ont rien à ajouter à leur défense. (Profond silence.)

Le Président. Les débats sont terminés. Vous avez à prononcer, ajoute-t-il, sur le plus grand des crimes. Dans tous les temps, dans tous les pays civilisés, l'attentat contre la vie du roi a été placé *au haut* de l'échelle des crimes. (*De toutes parts!* Oh! oh! Rires.) Ce n'est pas sans crainte que j'aborde un tel sujet; je crains de ne pouvoir reproduire avec assez d'impartialité des débats si longs, si animés, pendant lesquels 150 témoins ont été entendus, après que l'instruction en avait entendu 500. Je vais y donner tous mes soins, et j'espère qu'on rendra justice à mes intentions.

Le Président reproduit ici avec force les argumens de l'accusation dans ses détails les plus minutieux. Il fait à grands traits le *résumé* des moyens employés pour la défense; il veut paraître impartial... mais l'air, la voix et le geste décèlent le fond de son cœur. Des murmures interrompent plusieurs fois ce nouveau réquisitoire, qui fait maudire cette puissance exorbitante attribuée par la loi au bon et au mauvais magistrat.

D'après les paroles prononcées par le président, on s'attendait à la position de trois questions: une sur l'existence réelle du délit, les autres sur la culpabilité des accusés. Il n'en a pas été ainsi; une note sans doute parvenue à M. le président a changé sa résolution; on comprend aisément pourquoi: le jury aurait répondu négativement sur toutes les questions, car il était composé d'honnêtes gens.

Voici les questions posées: 1° Louis Bergeron est-il coupable d'avoir, le 19 novembre dernier, commis un attentat sur la personne du roi? 2° Hyppolite Benoist est-il coupable de l'avoir aidé dans l'exécution de ce crime?

On fait de nouveau retirer les accusés: Bergeron et Benoist ont reçu de nouvelles marques d'affection de leurs amis.

Après une demi-heure de délibération, les jurés rentrent, et le chef du jury prononce la non-culpabilité des deux accusés.

Les bravos, les applaudissemens et les acclamations de l'auditoire accueillent ce verdict et témoignent de la satisfaction générale.

Le Président prononce leur acquittement et ordonne leur mise en liberté!

Les accusés embrassent affectueusement leurs défenseurs et leurs amis qui se pressent de toutes parts. Cette scène attendrissante a duré plus d'un quart d'heure.

FIN.

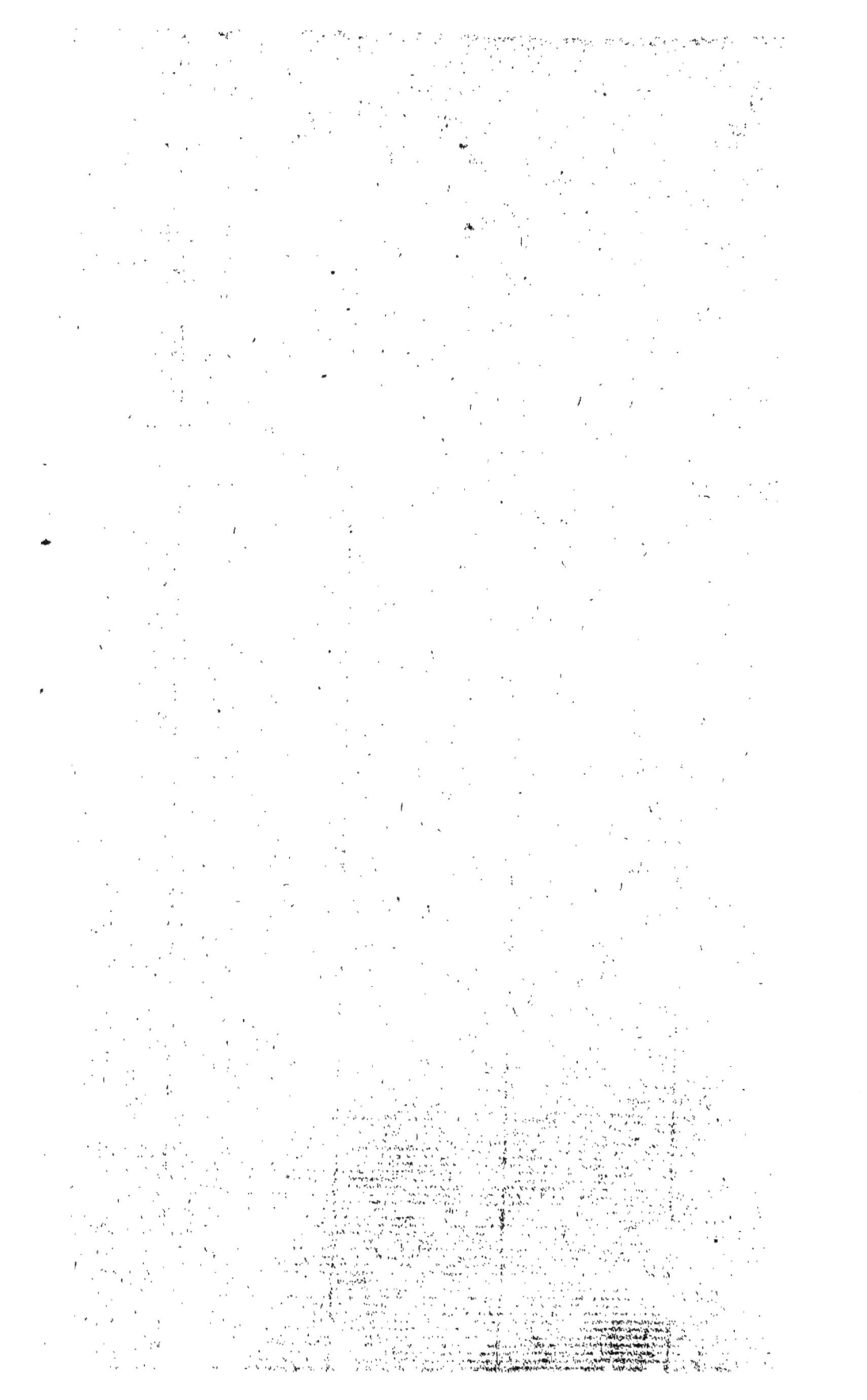

www.ingramcontent.com/pod-product-compliance
Lightning Source LLC
Chambersburg PA
CBHW071526200326
41519CB00019B/6080